이 책을 추천하는 이유

김서택 대구동부교회 담임목사

"설교자의 사명과 역할을 보여 주는 가장 쉽고도 분명한 불후의 명작이다. 목사는 언제나 존 스토트가 이야기한 이 다섯 가지 자아상을 늘 마음에 새기고 목회에 임해야 한다. 설교자는 부지런해야 하고, 열정적이어야 하며, 치밀해야 하고, 유머 감각이 있어야 하며, 너그러워야 한다. 비록 그는 은퇴했지만, 그의 사명감과 열정은 다시 이 책을 통하여 우리에게 다가온다."

김지철 소망교회 담임목사

"존 스토트는 역사적인 현장성을 꿰뚫는 동시에 어떤 주제라도 성경의 바탕 위에서 살펴보기를 열망하는 매력적인 신학자다. 그는 이 책에서 하나님의 말씀을 맡은 설교자의 인격을 다섯 가지 메타포로 설명한다. 그중에서 가슴 깊이 와 닿는 것은 아버지로서의 설교자이다. 따뜻한 사랑과 넉넉한 온유함으로 우리를 받으시는 아버지 하나님을 본받는 설교자가 될 수 있다면, 그 이상 무엇을 바랄 것인가? 이 책은 설교자가 지향해야 할 영성과 성품을 돌아보는 기회를 제공해 줄 것이다."

류응렬 총신대학교 신학대학원 설교학 교수

"오늘날 설교자의 관심은 말씀 자체나 설교자의 정체성에 대한 본질적인 고민보다 어떻게 전달할 것인가에 치우쳐 있다. 가장 위대한 메시지는 진리의 말씀을 품고 살아가는 설교자 자신이다. 존 스토트는 이 책에서 설교자가 누구인가에 대하여 성경적인 해답을 제시한다. 성경을 가르치면서도 아직 이 책을 읽어 보지 못한 설교자가 있다면 지금이 바로 읽어야 할 때다. 자신이 변화됨으로 설교에 거룩한 변화가 일어날 것이다."

옥한흠 사랑의교회 원로목사

"하나님의 말씀을 회중에게 전하고 선포하는 설교자로서 목회자는 자신의 상(像)을 어떻게 정립해 나가야 하는가? 이는 목회와 설교 사역의 본질에 관한 중요한 물음이다. 이 물음을 항상 치열하게 묻고 씨름하며 살아가는 모든 목회자에게 존 스토트의 성경적 통찰과 사려 깊은 시각이 담긴 이 책은 없어서는 안 될 나침반과 같은 책이다. 정식 계약을 통해 새롭게 번역되어 나온 이 책을 나와 같은 길을 가는 모든 이에게 기쁜 마음으로 추천한다."

이동원 지구촌교회 담임목사

"우리들 설교자는 그동안 설교를 'Doing'의 차원에서 기술로만 접근해 온 경향이 있습니다. 그런데 우리 시대 설교자의 큰 스승이신 존 스토트는 설교를 'Being'의 산물로 접근합니다. 설교를 만드는 것이 설교자라면 '설교자의 사람 됨'은 그 무엇보다 중요한 설교의 전제요 근본입니다. 존 스토트는 청지기와 전달자와 증인, 아버지와 종이라는 다섯 가지 메타포로 '설교자가 누구인가?'를 명쾌하고 친절하게 안내합니다. 이 책은 설교를 준비하는 책상 곁에 놓고 자주 들여다보아야 할 설교자의 거울이 되어 줄 것입니다. 이 시대 설교자들의 필독서로 강추하고 싶습니다."

이문식 산울교회 담임목사

"나의 설교 사역에서 가장 큰 영향력을 미친 책 중 하나를 꼽으라면 존 스토트의「설교자란 무엇인가」이다. 이 책은 철저하게 성경적이며, 성경이 말하는 설교자란 무엇인가를 정확하고 날카롭게 정돈해주는 책이다. 이 책을 읽은 설교자들은 결코 성경의 선을 넘는 우를 범하지 않게 될 것이며, 더욱 철저하게 자기 자신을 다듬어 내는 지침을 얻게 될 것이다. 나는 후배 설교자들에게 로이드 존스의「설교와 설교자」라는 책을 읽기 전에 꼭 이 책을 먼저 읽으라고 권면한다."

정창균 합동신학대학원대학교 설교학 교수

"설교에서 가장 중요한 요소는 설교자다. 그리고 설교자에게 필수적인 것은 설교자로서 자기 자신에 대한 이해와, 설교의 내용인 말씀에 대한 이해, 그리고 설교의 대상인 청중에 대한 이해다. 이 책은 설교자의 본질을 다섯 가지 이미지를 통해 제시하고 있으며, 균형 잡힌 설교자상을 확고하게 가지고 설교 사역을 수행하고자 하는 설교자들이 반드시 읽어야 할 필독서다."

주승중 장로회신학대학교 설교학 교수

"존 스토트는 설교란 성경의 세계와 오늘의 세계 사이에 다리를 놓는 작업(bridge-building)이며, 설교자는 이 두 세계 사이를 연결하는 '다리 놓는 사람'(bridge builder)이라고 했다. 그는 이 책에서 신약성경의 매우 중요한 다섯 가지의 메타포를 통해 다리 놓는 사람이 진정 누구인가를 우리에게 가르쳐 준다. 따라서 이 책은 다리 놓는 사역에 부르심을 받은 모든 설교자가 자신의 정체성을 확인하기 위해 거듭 되풀이하여 읽어야 할 책이다."

IVP(InterVarsity Press)는
캠퍼스와 세상 속의 하나님 나라 운동을 지향하는
IVF(InterVarsity Christian Fellowship)의 출판부로서
생각하는 그리스도인을 위한 문서 운동을 실천합니다.

Copyright ⓒ 1964 by Wm. B. Eerdmans Publishing Co.
Originally published by English under the title
Preacher's Portrait by John R. W. Stott
published by Wm. B. Eerdmans Publishing Co.
2140 Oak Industrial Drive NE, Grand Rapids, Michigan 49505, U. S. A.
All rights reserved.

Translated and used by permission of Wm. B. Eerdmans Publishing Co.,
through the arrangement of rMaeng2, Seoul, Korea.

Korean Edition ⓒ 2010 by Korea InterVarsity Press
156-10 Donggyo-Ro, Mapo-Gu, Seoul, 121-838 Korea

설교자란 무엇인가

존 스토트가 성경에서 발견한 다섯 가지 설교자상

존 스토트 지음 · 채경락 옮김

IVP

추천의 글

처음 신학교에 입학했을 때의 일입니다. 목회를 배우는 한 방법으로 교수님과 선배들에게 꼭 읽어야 할 책들을 추천받아 읽었습니다. 제가 신학생이었던 시절에는 요즘과 달라 읽을 책이 많지 않았지만, 교수님과 선배들이 추천한 책은 제게 무척 유익했습니다.

이제 그 후로 오랜 세월이 흘렀습니다. 요즘은 잠시 목회 현장에서 눈을 돌려 과거를 되돌아보곤 하는데, 과거의 저를 생각하며 후배들에게 반드시 권하고 싶은 책을 꼽아 봅니다.

무엇보다 찰스 H. 스펄전의 「목회자 후보생들에게」(*Lectures to My Students*), 리처드 백스터의 「참 목자상」(*The Reformed Pastor*, 생명의말씀사 역간), 그리고 마틴 로이드 존스의 「설교와 설교자」(*Preaching and Preachers*, 복있는사람 역간), 「산상수훈 강해」(*Sermon on the Mount*),

그리고 존 스토트의 「설교자란 무엇인가」(*The Preacher's Portrait*)입니다. 이 책들은 복음을 전하는 자가 복음의 열정을 어떻게 전달할 것인지, 또 어떻게 준비해야 할지를 알려 주는 탁월한 책이라 생각합니다.

요즘은 엄청난 양의 책들이 쏟아져 나옵니다. 그렇지만 아직까지 위의 책들을 뛰어넘는 내용을 보지는 못했습니다. 그러던 차에 이번에 존 스토트의 「설교자란 무엇인가」가 정식 계약본으로 출간된다니 반가운 마음을 금할 수가 없습니다. 이 책과 더불어 존 스토트의 또다른 명저 「두 세계 사이에서」(*Between Two Worlds*)를 읽는다면 금상첨화일 것이라 생각됩니다.

말씀이 혼미한 시대, 말씀이 희귀한 시대에 우리 시대의 큰 스승인 존 스토트의 저서는 설교자를 성숙하게 하는 귀한 지침이 되어 줄 것입니다. 인기 위주의 책들이 난무하는 이 시대에 이러한 명저가 우리에게 주어져 바른 목회의 길잡이가 되어 줄 것을 믿습니다.

홍정길 남서울은혜교회 담임목사

일러두기

이 책은 1961년 4월 10-14일 캘리포니아 패서디나의 풀러 신학교에서 열린 제9차 페이튼 강연(The Payton Lectures)에서 강의한 내용을 확장한 것이다.

    페이튼 강연은 풀러 신학교의 설립자의 아내인 찰스 E. 풀러 부인의 부모인 존 E. 페이튼 박사 부부를 기념하여 개설되었다. 그들의 유산으로 매년 탁월한 학자들의 강연이 열리는데, 강연의 범위는 역사적 기독교 신앙의 고유성 혹은 확증, 비기독교적 혹은 유사기독교적 입장에 대한 논박, 그리고 성경적 교리의 확립으로 제한된다.

머리말

이 책에서 나의 직접적인 관심은 설교의 '기술,' 혹은 저 웨스트민스터 센트럴 홀의 고(故) W. E. 생스터(Sangster) 박사가 말한 '설교의 기교'를 체계화하고 예시하는 데 있지 않으며, '커뮤니케이션'의 문제에 있지도 않다. 설교자가 배워야 할 설교 방법론이 있다는 것, 그리고 특히 교회와 세속 세계 사이의 괴리가 이미 심각할 정도로 진척되어 이제는 둘 사이를 연결시켜 줄 다리가 몇 개 남지 않은 이 시대에 커뮤니케이션이 지극히 중요한 주제임을 나는 의심치 않는다.

나의 관심, 그리고 여기에서 논한 주제는 좀더 근본적인 문제들이다. 우리는 신약성경이 설교자와 그의 과업을 설명하기 위해 동원한 몇몇 단어들을 새로이 살펴볼 필요가 있다. 우리는 오늘날 교회 안에서 하나님이 계시하신 설교자의 이상을,

다시 말해 설교자는 무엇이며 그의 직무를 어떻게 수행해야 하는지를 더욱 분명하게 확립해야 한다고 믿는다. 그래서 나는 설교자의 메시지와 권위, 말씀 선포에 요구되는 성격, 복음을 설교자 자신이 경험해야만 하는 불가결한 필요성, 설교자의 동기, 설교자의 능력의 원천, 그리고 설교자에게 요구되는 도덕적 성품, 그중에서도 겸손과 온유함 그리고 사랑에 대해 고찰할 것이다. 나는 이것을 **설교자의 초상**, 이른바 하나님이 신약성경이라는 널찍한 캔버스에 친히 그리신 초상이라는 이름으로 여기에 제출한다.

이 주제에 관해 글을 쓰는 것은 나에게는 참 주저되는 일이다. 나는 이 주제에 관한 전문가가 아니며 그것과는 거리가 먼 사람이다. 나는 이제 고작 설교의 첫걸음을 배우기 시작했다. 다만 하나님이 당신의 은혜 안에서 나를 말씀 사역으로 부르셨기에, 나는 나에게 맡기신 사역을 하나님이 동일한 말씀 안에서 제시하신 온전한 모습에 이르도록 하려는 깊은 열망이 있다.

J. R. W. S.

| 차례 |

추천의 글   6
머리말   9

1장 청지기
설교자의 메시지와 권위   13

2장 사자
설교자의 선포와 호소   47

3장 증인
설교자의 경험과 겸손   87

4장 아버지
설교자의 사랑과 온유함   117

5장 종
설교자의 능력과 동기   149

주   191

청지기 1
A Steward

설교자의 메시지와 권위

설교자는 선지자가 아니다

설교자는 사도가 아니다

설교자는 거짓 선지자 혹은 거짓 사도가 아니다

설교자는 말쟁이가 아니다

설교자는 청지기다

설교자의 동기와 메시지

설교자의 권위와 헌신

설교자에게 다가오는 첫 번째 중요한 질문은 이것이다. 무엇을 말할 것인가, 어디에서 메시지를 가져올 것인가? 설교 메시지의 출처와 내용에 관한 이 근본적인 질문에 대해서는 몇 가지 잘못된 대답들이 있어 왔는데, 먼저 이에 대한 비판으로 시작하려 한다.

설교자는 선지자가 아니다

첫째, **기독교 설교자는 선지자가 아니다.** 다시 말해, 그는 독보적인 직통 계시를 통해 하나님으로부터 메시지를 받는 사람이 아니다. 물론, 오늘날 '선지자'라는 단어가 다소 포괄적인 의미로 사용되기도 한다. 열정적인 설교자를 일컬어 선지자의 불을 품은 사람이라고 말하는 것이 그리 낯설지 않다. 그리고 시대의 징조를 분별하는 설교자, 역사 안에서 하나님의 손을 보고 정치 사회적 조류의 의미를 해석해 내는 설교자를 사람들은 때때로 선지자 혹은 선지자적 통찰을 가진 사람이라고 부른다. 그러나 나는 이런 식의 '선지자' 호칭은 부적절하다고 생각한다.

그렇다면 선지자란 도대체 무엇인가? 구약성경은 선지자를 하나님의 직접 대언자로 간주한다. 하나님이 모세의 말을 바로에게 전하는 자로 아론을 세우셨을 때, 이것이 무엇을 뜻하는지 모세에게 다음과 같이 설명하셨다. "볼지어다. 내가 너를 바로에게 신같이 되게 하였은즉 네 형 아론은 네 대언자(선지자-역주)가 되리니." 그리고 다시, "너는 그[아론]에게 말하고 그의 입에 할 말을 주라. 내가 네 입과 그의 입에 함께 있어서 너희들이 행할 일을 가르치리라. 그가 너를 대신하여 백성에게 말할 것이니 그는 네 입을 대신할 것이요 너는 그에게 하나님같이 되리라"(출 7:1; 4:15-16). 이 말은 선지자가 사람들에게 하나님의 말씀을 들려주는 하나님의 '입'이었음을 분명히 한다. 하나님은 당신이 장차 일으키실 모세와 같은 선지자를 묘사할 때에도 이와 유사하게 말씀하셨다. "내 말을 그 입에 두리니 내가 그에게 명령하는 것을 그가 무리에게 다 말하리라"(신 18:18). 선지자는 자신의 말을 전하지도 않았고 자신의 이름으로 전하지도 않았다. 오직 하나님의 말씀을 하나님의 이름으로 전했다. 하나님이 선지자들에게 말씀하셨고 당신의 뜻을 그들에게 보이셨다는 이 확신이(암 3:7-8) 우리에게 익숙한 선지자적 정형을 해명한다. "여호와의 말씀이 내게 임하였으니," "여호와께서 이르시되," "여호와의 말씀을 들으라" 그리고 "여호와의 입이 이를 명령하셨고…."

선지자의 본질적 특성은 그가 미래를 예언했다거나 하나님의 현재적 역사를 해석했다는 데 있는 것이 아니라, 하나님의 말씀을 대언했다는 데 있다. 베드로는 바로 그 부분을 지적한다. "예언은 [그가 이제 막 다루려고 하는 가짜 선지자들의 거짓말과 대조되는 참 예언을 가리킨다] 언제든지 사람의 뜻으로 낸 것이 아니요 오직 성령의 감동하심을 받은 사람들이 하나님께 받아 말한 것임이라"(벧후 1:21).

기독교 설교자는 이런 의미에서 선지자가 아니다. 어떤 직통 계시도 그에게 주어지지 않는다. 오히려 그의 일은 일회적으로 주어진 계시를 설명하는 것이다. 그리고 아무리 진실하게 성령의 힘으로 설교한다 해도, 그는 선지자들과 같은 수준으로 성령으로 '영감된' 사람은 아니다. "만일 누가 말하려면" 마땅히 "하나님의 말씀을 하는 것같이" 해야 한다(벧전 4:11). 그렇지만 이는 그가 선지자이거나 혹은 갓 나온 따끈따끈한 신탁을 받았기 때문이 아니라, 하나님의 청지기이기 때문이다(벧전 4:10). 뒤에서 살펴보겠지만 "하나님의 말씀"(롬 3:2)인 성경이 그에게 위탁되어 있기 때문이다. 성경에서 "하나님의 말씀이 임했다"라는 표현은 세례 요한에게 마지막으로 사용되었다(눅 3:2). 그는 참 선지자였다. 그 외에도 신약 시대에는 아가보와 같은 선지자가 있었고(행 21:10), 예언이 영적 은사의 하나로 언급되지만(롬 12:6; 고전 12:10, 29; 엡 4:11), 그 이후로는 이 은사가 교회 구성원들에게 주어지는 일은 없었다. 이제 하나님의 기록된 말씀이 우리 모두에게 주어졌으니 선지자의 입을 통한 하나님의 말씀 선포는 더 이상 필요하지 않다. 오늘날 우리에게는 하나님의 말씀이 오지 않는다. 말씀은 이미 한 번 왔다. 이제는 오히려 사람들이 말씀으로 나와야 한다.

설교자는 사도가 아니다

둘째, **기독교 설교자는 사도가 아니다.** 물론 교회는 사도적 교리의 기초 위에 서 있고 복음을 선포하도록 세상으로 보냄받았다는 점에서 '사도적'이다. 그러나 선교사와 교회 개척자들을 '사도'로 부르는 것은 부당하다. 바울을 이방인의 사도로 부르듯, 허드슨 테일러를 중국의 사도로 혹은 저드슨을 버마의 사도로 부르는 것은 합당치 않은 일이다. 최근 연구는 사도들의 고유성을 확증해 주고 있다. 칼 하인리히 렝스톨프(Karl Heinrich Rengstorf)는 저 유명한 게르하르트 키텔(Gerhard Kittel)의 「신학 사전」(*Theologisches Wörterbuch*)[1]에 실린 '사도직'에 관한 해설에서, 예수님의 사도들은 유대교의 '샬리아킴'(*shaliachim*)과 상응한다고 주장한다. 이들은 가르침을 위해 디아스포라로 파송된 일종의 특사로서 '보냄받은 사람은 보낸 자와 동일하다'고 말할 수 있는 전권을 부여받았다. 렝스톨프는 "보냄을 지칭하는 다른 동사들도 있지만, [사도와 연관된 동족 동사인] '아포스텔레인'(*apostellein*)은 특별한 목적, 사명, 위탁, 권위, 혹은 책임이라는 의미를 내포한다"고 설명한다. 그에 따르면, '아포스톨로스'(*apostolos*)는 "항상 대사로, 특히 위임 대사로 보냄받은 사람을 지칭한다. 헬라어 '아포스톨로스'는 단지 형식적 명칭일 뿐, 그 내용과 의미는 랍비 유대교의 '샬리아크'(shaliach)에서 찾아야 한다."[3)

노어벌 겔덴후이스(Norval Geldenhuys)는 그의 역작 「지상의 권위」(Supreme Authority)에서 렝스톨프의 논의에 기초하여 하나의 논리적인 결론을 이끌어낸다. 신약의 사도는 "특별한 사명을 위해 선택되어 파송자의 전권을 위임을 받은 대리자로 보냄받은 자"다.[4) 예수님은 선택된 열두 제자를 '사도들'이라 부르실 때 그들이 "그분의 이름과 그분의 권위로 가르치고 일하도록 위임되어 파송되는 그분의 사절"이 될 것을 암시하셨다.[5) 주님은 그들에게 특별한 권위를 부여하셨고(예를 들어, 눅 9:1, 2, 10), 후에 그들은 이 권위를 주장하며 행사했다. 바울은 자신도 부활하신 예수님에게 직접 임명을 받은 그 열둘과 동등한 사도라고 주장했다. 부활하신 예수님과의 대면 경험에 더하여, "직접 위임이 사도직의 유일한 기초였다."[6) 겔덴후이스는 이렇게 결론짓는다. "예수님의 '샬리아킴'이 될 수 있는 이 모든 요건을 갖춘 자는 두 번 다시 있지도 않았고 있을 수도 없다."[7) 심지어 "초기에 얼마나 많은 사도들이 있었는지 우리는 모르지만 상당히 많았을 것이다"[8)라고 말한 렝스톨프 역시 사도직은 "일 세대에 국한된 것으로 교회의 직분이 되지는 않았으며" 또한 "모든 사도는 제자이지만, 모든 제자가 사도는 아니다"[9)라고 부언한다. 겔덴후이스는 헤이스팅스(Hastings)의 「사도적 교회 사전」(*Dictionary of the Apostolic Church*)에 수록된 알프레드 플럼머(Alfred

Plummer)의 '사도'에 관한 해설을 인용한다. "이토록 예외적인 직분은 전수가 불가능했다."[10]

여기서 렝스톨프가 강조하는, 구약 선지자들과 신약 사도들 사이의 근본적인 동등성이 도출된다. "사도의 의식이 선지자의 그것과 연계되어 있었다는 것은…그가 설교한 것이 곧 계시라는 사실을 절대적으로 강조하며, 모든 인간적 오류를 거부한다," "선지자와 같이 바울은 그의 메시지의 종이다,"[11] "사도와 선지자의 동등성은 양자 모두 계시의 전달자라는 점에서 정당화된다."[12]

따라서 '선지자'라는 명칭이 그들의 메시지가 남아 있든 그렇지 않든 신약과 구약에 등장하는 하나님의 말씀이 직접 임한 자들에게 제한되어야 하듯, '사도'라는 호칭은 예수님에 의해 그분의 '샬리아킴'으로 특별히 임명되어 권위를 부여받은 열둘과 바울에게 국한되어야 한다. 이 사람들은 독보적이다. 그들에게는 계승자가 없다.

설교자는 거짓 선지자 혹은 거짓 사도가 아니다

셋째, **기독교 설교자는 거짓 선지자 혹은 거짓 사도가 아니다(아니어야 한다)**.[13] 둘 다 성경에 등장하는데, 진짜와 가짜의 차이점이 가장 분명하게 규명되는 곳은 예레미야 23장이다. 참 선지자는 "여호와의 회의에 참여하여 그 말을 알아들은" 자다. 그는 "여호와의 말을 귀 기울여 들은"자다(18, 22절). 반대로, 거짓 선지자들이 말하는 "묵시는 자기 마음으로 말미암은 것이요 여호와의 입에서 나온 것이 아니"었다(16절). 그들은 "그 마음의 간교한 것"을 예언했다(26절). 그들은 하나님의 이름으로 거짓을 말했다(25절). 둘 사이의 극명한 대조가 28절에 소개된다. "여호와의 말씀이니라. 꿈을 꾼 선지자는 꿈을 말할 것이요 내 말을 받은 자는 성실함으로 내 말을 말할 것이라. 겨가 어찌 알곡과 같겠느냐?" 결국 우리가 선지자의 메시지를 듣고 있다 해도, 누구는 "사람의 말"을 듣고 있고, 누구는 "살아 계신 하나님의 말씀"을 듣고 있는 것이다(36절).

엄밀하게 말해서 오늘날은 선지자도 사도도 없지만, 염려컨대 거짓 선지자들과 거짓 사도들은 있는 듯하다. 그들은 하나님의 말씀 대신 자신들의 말을 선포한다. 또한 종교와 윤리, 신학 혹은 정치에 관한 자기 생각을 퍼뜨리기를 좋아한다. 성경 본문에서 설교를 시작할 정도로 전통적인 방법을 고수하지만, 이어지는 설교는 본문과는 거의 연관이 없으며 본문을 그 문맥 안에서 해석하려는 시도조차 전혀 찾아볼 수 없다. 누군가 정확하게 지적했듯, 문맥(context)을 벗어난 본문(text)은 참 의도를 은폐하기 위한 위장(pretext)일 뿐이다. 이런 설교자들은 저 구약의 거짓 선지자들처럼 평화가 없음에도 "평강, 평강"을 외치며 부드러운 말들을 늘어놓지만(렘 6:14; 8:11; 참고. 23:17), 대중의 비위를 건드리지 않기 위해 복음의 조금 불편한 부분들은 뒤로 제쳐 둔다(참고. 렘 5:30-31).

설교자는 말쟁이가 아니다

넷째, **기독교 설교자는 '말쟁이'가 아니다.** 이 말은 아테네의 철학자들이 아레오바고에서 바울을 일컬었던 말이다. 경멸하는 투로 그들이 물었다. "이 말쟁이가 무슨 말을 하고자 하느냐?"(행 17:18) 헬라어로는 '스페르모로고스'(spermologos)로, '씨앗 줍는 자'라는 의미다. 이 단어는 문자적 의미 그대로 씨앗을 먹는 새들을 지칭했는데, 특히 아리스토파네스와 아리스토텔레스에게는 까마귀를 의미했던 것으로 보인다. 비유적으로 사용될 때는 쓰레기 청소부, "부랑아"[14] 혹은 "버려진 부스러기로 연명하는 자, 넝마주이"[15] 따위를 의미했다. 여기서 수다쟁이 혹은 잡담이라는 의미로 전이되어 "지식 부스러기를 주워서 여기저기 퍼뜨리는 사람"[16]을 가리키게 되었다. '말쟁이'는 중간 상인처럼 눈에 띄는 대로 여기저기서 한 조각씩 끌어 모은 사상들을 유통시킨다. 그의 설교는 실로 잡동사니다.

물론 다른 사람의 말이나 글을 설교에 인용하는 것은 결코 잘못이 아니다. 오히려 진정 지혜로운 설교자라면 기억에 오래 남고 깊은 의미를 던져 주는 인용문을 모은 책이나 파일을 소중히 간직할 것이다. 적절하게 그리고 출처를 밝히면서 정직하게 이것들을 사용한다면, 주제에 빛과 무게를 드리움은 물론 핵심을 찌르는 데 도움이 될 것이다. 그러나 스스로 설교한 대로 사는 사람일지라도 누군가의 말을 인용하면서 그 경구를 누가 처음 만들었는지 몰라 내 말인 양 써먹는다면 이 말을 기억하라. "한 명에게서 가져오면 사람들은 그것을 '표절'이라 부를 것이고, 천 명에게서 가져오면 '연구'라고 부를 것이다!"

다른 자료를 신중하게 인용하는 것은 '말쟁이'가 되는 것과 분명히 구별되어야 한다. 말쟁이의 근본적 특성은 그 자신의 생각이 없다는 것이다. 그의 현재 생각은 그와 마지막으로 이야기한 사람의 생각일 뿐이다. 그는 다른 사람들의 사상을 아무런 여과 없이, 깊이 생각해 보거나 자신의 것으로 만들어 보려는 노력도 없이 그대로 퍼뜨리고 다닌다. 예레미야가 꾸짖었던 거짓 선지자들처럼 그는 '혓바닥'만 사용할 뿐 머리나 마음은 전혀 사용하지 않는, 말하자면 다른 사람의 메시지를 훔치는 '도둑'이다(렘 23:30, 31).

설교자는 청지기다

그렇다면 설교자는 무엇인가? 설교자는 **청지기다**. "사람이 마땅히 우리를 그리스도의 일꾼이요 하나님의 비밀을 맡은 자로 여길지어다. 그리고 맡은 자들에게 구할 것은 충성이니라"(고전 4:1, 2). 청지기는 다른 사람의 재화를 맡은 관리자 혹은 분배자다. 이와 같이 설교자는 하나님의 비밀을 맡은, 다시 말해 하나님이 사람들에게 위탁하셨고 그래서 지금 성경에 담겨진 하나님의 자기 계시를 맡은 청지기다. 따라서 기독교 설교자의 메시지는 선지자 혹은 사도처럼 하나님의 입에서 직접 나오지 않고, 그렇다고 거짓 선지자들처럼 설교자 자신의 마음에서 나오지도 않고, 오직 일회적으로 계시되어 지금 현재 그가 고귀한 청지기로서 맡고 있는 기록된 하나님의 말씀에서 나온다.

고대 세계에서는 가정 청지기의 개념이 현대보다 훨씬 익숙했다. 요즘 그리스도인들은 '청지기직'(혹은 청지기에게 요구되는 충성—역주)이라는 말을 특별 헌금과 연관시키는 경향이 있다. 그리고 일상 용어로는 '청지기'(steward)가 대양을 가로지르는 항공사들이나 큰 기관의 입주 종사자들에게 국한되어 사용된다. 그러나 성경 시대에 어느 정도 유복한 집은 모두 가사일과 재산, 농장, 포도원, 재정과 노예 관리를 위한 청지기를 두고 있었다. 구약성경에도 이 청지기가 종종 등장한다.[17] 이삭의 아내를 찾는 임무를 맡았던 사람은 엘리에셀이었던 듯하다(창 24장). 청지기를 지칭하는 고정된 히브리어 단어는 없지만 그 직무가 여러 단어에서 분명히 암시되어 있는데, 특히 유대, 이집트, 그리고 바벨론의 귀족 가정과 왕궁에서 그들의 존재를 볼 수 있다. 예를 들어 요셉은 이집트에서 청지기를 두고 있었다. "요셉의 집 청지기"는 요셉의 손님을 대접하는 임무를 맡았다. 손님들의 발 씻을 물과 나귀에게 먹일 여물을 준비했다. 상에 올릴 짐승을 잡고 여러 음식을 준비하는 것도 그의 몫이었다. 양식을 사러 온 사람들에게 물건을 내어 주고 돈을 받은 것도 그였던 듯하다. 그는 휘하에 노예를 거느리고 있었다(창 43:16-25; 44:1-13). 마찬가지로 유대의 왕들도 왕궁을 돌보는 청지기를 두고 있었다.[18] 히스기야 왕 재위 시 그의 청지기는 셉나였다(사 22:15).[19] 그는 야망이 가득한 사람으로, 필시 왕궁 재정을 사용하여 소위 '영광의 수레'를 굴렸던 것으로 보인다. 그러나 하나님은 셉나에게 그가 폐하여졌으며 힐기야의 아들 엘리아김으로 교체되었다고 말씀하신다. "네 옷을 그에게 입히며 네 띠를 그에게 띠워 힘 있게 하고 네 정권을 그의 손에 맡기리니 그가 예루살렘 주민과 유다의 집의 아버지가 될 것이며 내가 또 다윗의 집의 열쇠를 그의 어깨에 두리니"(사 22:21-22). 여기서 청지기가 그 집에서 구성원들에게 아버지와 같은 감독권을 행사했고, 그 직무의 상징은 열쇠, 아마도 창고의 열쇠였음이 분명히 드러난다.[20]

느부갓네살의 바벨론 궁정에서 환관장은 다니엘과 세 친구를 흠정역에서 '멜자르'(melzar)라고 일컬어지는 자에게 맡긴다. 이 단어는 아마도 고유 명사라기보다 '감독자'라는 직분을 지칭하는 듯하다. 미국 개정표준역(RSV)은 이를 '청지기'(steward)로 번역한다. 궁중 일을 위해 사람을 훈련시키는 것이 그의 임무였으며, 훈련생들에게 매일 할당된 물품을 지급하고 지혜롭게 판단하여 기름진 음식과 포도주 혹은 다니엘이 부탁했던 채소를 적절히 배분하는 것 역시 그의 일에 포함되었다(단 1:8-16).

구약과 유사한 예가 신약에도 등장한다. 헤롯 안티파스는 구사라는 이름의 궁중 청지기를 두고 있었는데, 그의 아내 요안나는 예수님의 제자로서 자기 소유로 주님을 섬기고 있었다(눅 8:3). 주님의 비유들 중 몇몇은 커다란 집을 배경으로 하고 있는데, 거기에는 청지기가 책임 있는 자리를 맡고 있는 것으로 소개된다. 포도원 품꾼들의 비유에서 청지기는 포도원의 소유주인 집주인으로부터 품꾼들의 삯을 주라는 명령을 받는다(마 20:1, 8). 한편 "어떤 부자"에게 고용된 불의한 청지기는 그 주인의 재산을 "낭비한다"는 혐의를 받는다. 채무자들의 빚을 서류 조작으로 탕감해 주고 상당 기간 들키지 않을 수 있었던 것으로 보아, 그 자리는 분명 물품 주문과 청구서 결재를 총괄하는 매우 책임 있는 자리였을 것이다(눅 16:1-9).

우리는 지금 성경 시대의 부유한 가정의 상황을 상당 부분 재구성할 수 있는 여건을 갖추고 있다. '거주하다'라는 뜻의 동사 '오이케오'(oikeō)의 동족어들을 고찰함으로써 당시의 상황을 추적할 수 있다. 중요한 다섯 개의 단어가 있다. 첫째, 집 자체를 뜻하는 '오이키아'(oikia) 혹은 '오이코스'(oikos)가 있다.[21] 둘째, 가족이라는 의미의 '오이케이오이'(oikeioi)가 있다. 이 단어가 신약성경에서 일반 세속적 의미로 사용된 유일한 예는 디모데전서 5:8이다. 여기서 사도는 누구든지 "자기 친족 특히 자기 가족"[오이케이온(oikeiōn)]의 필요를 돌아보지 않으면, 그는 "불신자보다 더 악한 자"라고 꾸짖는다.[22] 셋째, 세대주, 집주인, 혹은 흠정역이 '가장'(家長)으로 번역하는 (예, 막 14:14) '오이코데스포테스'(*oikodespotēs*)가 있다.[23] 그는 집안 사람들을 다스리고 관리하는데, 그의 일을 가리키는 동사[오이코데스포테오(*oikodespoteō*)]가 디모데전서 5:14에 등장한다. 넷째, 집의 종 혹은 아프리카 식으로 '하우스 보이'를 지칭하는 '오이케테스'(*oiketēs*)가 있다. '둘로스'(*doulos*)가 종을 뜻하는 일반적인 명칭이었다면, '오이케테스'는 특히 집 안에서 일하는 종을 가리켰다. 라틴어로 '도메스티쿠스'(*domesticus*)에 해당하는데, 이 말은 원래 한 지붕 아래, 즉 같은 '도무스'(*domus*) 안에 사는 모든 사람을 포함했지만, 후에는 종 혹은 우리가 통상 '하인'이라 부르는 사람을 의미하게 되었다.[24]

다섯째, 집의 관리인이나 청지기를 뜻하는 '오이코노모스'(*oikonomos*)가 있다. 그의 직무를 '오이코노미아'(*oikonomia*), 즉 청지기직이라 부른다.[25] 이 두 단어는 집이라는 의미의 '오이코스'와 분배하다 혹은 관리하다는 뜻의 '네모'(*nemō*)가 결합되어 만들어졌다. 물론 여기서 경제, 경제학, 그리고 경제적이라는 말이 파생되었다. 「그림 데이어(Grimm-Thayer) 헬라어 사전」에 제시된 '오이코노모스'의 정의를 전체로 인용함이 유익할 것이다. "한 가족이나 가사의 관리자. 특히 한 집의 우두머리 혹은 소유주로부터 제반 집안일, 재정 출납 감독, 그리고 모든 노예와 심지어 성인이 되지 않은 자녀들에게 각자 적합한 몫을 분배하는 임무를 위임받은⋯청지기, 관리자 혹은 감독자."[26] 그가 자유인이든 노예든, 그는 집주인과 그 집의 구성원들 사이에서 책임 있는 자리를 차지하고 있었다.[27] 이 명칭은 로마서 16:23에서 에라스도를 고린도 지역의 "성의 재무관"으로 소개하는 구절에서도 사용된다. 갈라디아서 4:2은 '에피트로포이'(*epitropoi*)와 '오이코노모이'(*oikonomoi*) 아래 있는 아이에 대해 말하는데, 전자는 그의 법적인 보호자와 교사를 가리킨다면 후자는 미성년 기간 동안 그의 재산을 관리하는 자를 가리킨다.

이 다섯 단어를 종합하면, 한 부유한 가정의 사회적 상황이 그려진다. '오이코스'(집)에 아이들과 종들을 포함한 '오이케이오이'(가족)가 거주한다. 집의 우두머리는 '오이코데스포테스'(집주인)인데, 그는 휘하에 여러 명의 '오이케타이'(종들)와 더불어 그들을 감독하고 식구들을 먹이고 가사와 자산 관리와 재정을 관할하는 '오이코노모스'(관리인 혹은 청지기)를 거느리고 있었다.

초기 신자들이 이 사회적 패턴 안에서 그리스도 교회의 밑그림을 보았다는 것은 그리 놀라운 일이 아니다. 하나님을 부르는 그들의 고유한 호칭은 '아버지'였으며, 일반적으로 아버지가 집주인이었기 때문에, 그들은 자연스럽게 그리스도인 가족을 하나님의 '가족'이라고 생각했다. 하지만 이 그림에 너무 세밀한 의미를 부여하는 것은 곤란하다. 또한 신약성경이 이 그림에 대해 항상 일관된 입장을 표현하는 것도 아니다. 왜냐하면 하나님은 언제나 집주인이시지만 한편으로 교회는 하나님이 거하시는 집이며,[28] 동시에 '믿음의 가족'인 하나님의 가족이면서[29] 또한 그를 위해 책임 있게 일하는 그 집의 종이기 때문이다(롬 14:4).

모든 그리스도인은 또한 하나님의 청지기로서, 맡겨진 '소유'를 자신의 유익이 아닌 전체 가족의 행복을 위해 사용하도록 위임받았다. 달란트 비유와 므나 비유에서 그리스도는 우리에게 주신 기회와 은사를 계발하고 사용해야 할 그리스도인으로서의 책임에 관해 가르치신다(마 25:14-30; 눅 19:12-28). 청지기는 주인이 위탁한 소유를 묻어 두거나 낭비해서는 안 된다. 그는 가족들에게 나누어 주어야 한다. 그리스도인으로서 우리 모두는 우리 기억 속에 각인된 저 베드로의 말처럼, "하나님의 여러 가지(문자적으로 '알록달록한' 혹은 '많은 색깔의') 은혜를 맡은 선한 청지기"(벧전 4:10)다. 더불어 베드로는 "각각" 받은 은사를 "서로"를 위해 사용해야 함을 분명히 한다. 또한 그는 말하는 섬김과 공급하는 섬김이라는 두 가지 섬김의 예를 소개하는데, 우리의 우선적인 관심은 전자에 있다.

기독교 사역은 성스러운 청지기직이다. 바울은 장로와 감독을 일컬어 "하나님의 청지기"라고 부른다(딛 1:7). 바울은 자신과 아볼로를 "하나님의 비밀을 맡은 자"(고전 4:1)로 간주했다. 비록 바울은 그에게 직접 계시된 특별한 "비밀"의 청지기였지만(엡 3:1-3, 7-9), 그가 이 이름을 자신뿐 아니라 아볼로에게도 적용한다는 점에서 이것이 사도들에게 국한된 호칭은 아니다. 알

다시피 아볼로는 바울과 같은 사도가 아니었다. '청지기'는 하나님의 말씀을, 특히 사역 현장에서 선포하는 특권을 가진 모든 자에게 주어진 호칭이다.

5장에서 다루겠지만, 고린도 교인들은 지도자들에게 과도한 경의를 표하고 있었다. 바울은 그들의 이러한 위인 숭배를 꾸짖는다. 그는 "사람이 마땅히 우리를…여길지어다"라고 하면서 우리는 단지 "그리스도의 일꾼"이요 다른 이의 소유를 "맡은 자"라고 말한다. 기독교 설교자에게 맡겨진 그 '소유'를 일컬어 성경은 '하나님의 비밀'이라고 부른다.

신약에서 '미스테리온'(mysterion)은 모호하고 설명되지 않은 수수께끼가 아니라 이미 알려진 진리, 하나님이 나타내셨기에 알려질 수밖에 없는, 지금까지는 감추어져 있다가 이제는 드러난, 그리고 하나님이 사람들을 그 안으로 초청하시는 한 진리다. 따라서 '하나님의 비밀'은 하나님의 공개된 비밀이며, 이제는 성경으로 구체화된 그분의 자기 계시의 총체다.[30] 기독교 설교자는 바로 이 계시된 '비밀'의 청지기로서 집의 구성원들, 즉 가족에게 그것을 알릴 책임이 있다.

이 위대한 청지기 은유를 통해 기독교 설교자는, 청지기에게 요구되는 '충성'의 다양한 측면을 구성하는 네 가지 중요한 교훈을 배울 수 있다.

설교자의 동기와 메시지

첫 번째 진리는 **설교자에게 힘을 주는 자극제의 원천**에 관한 것이다. 설교는 고된 일이다. 설교자는 종종 낙심에 빠지려는 유혹을 받는다. 그의 축 처진 영혼에 힘을 불어넣을 강력한 자극제가 필요한데, 바로 이 청지기직의 개념에서 무언가를 찾을 수 있다는 데에는 의심의 여지가 없다. 사도 바울이 분명한 선례를 남겨 주었다. 그는 하나님의 비밀의 청지기, "하나님의 비밀의 수탁(受託)자"(고전 4:1, Phillips역)였다. 복음은 그에게 맡겨진 성스러운 위탁물이었다. 서신서에서 그는 이 점에 대해 여러 번 쓰고 있다.[31] 이 위탁은 그에게 매우 큰 무게로 다가왔다. 바울은 "나는 사명을 받았노라"라고 말하는데, 여기서 사용된 단어는 역시 청지기직을 가리키는 '오이코노미아'다(고전 9:17). 더불어 그는 "내가 부득불 할 일임이라. 만일 복음을 전하지 아니하면 내게 화가 있을 것이로다!" 그리고 그는 복음을 전해야 할 '빚'을 진 자라고 말한다(고전 9:16; 롬 1:14). 바울은 "맡은 자들에게 구할 것은 충성이니라"라고 쓴다. 청지기는 위탁을 받았고, 그는 이 위탁을 받을 만한 사람임을 증명해야 한다. 집주인이 그에게 의지하고 있다. 가족들이 그의 공급을 고대하고 있다. 그는 절대로 실패해서는 안 된다.

둘째, 청지기 은유는 **설교자의 메시지 내용**을 지시한다. 진정이 은유가 무언가를 가르친다면, 그것은 설교자 자신이 그의 메시지를 공급하지 않고 오히려 공급받는다는 사실이다. 청지기에게 제 주머니를 털어 가족을 먹여 살리기를 기대하지 않듯이, 설교자에게도 스스로 메시지를 고안하여 공급하기를 바라지 않는다. 많은 신약의 은유들이 이 같은 진리, 즉 설교자의 과업은 그에게 주어진 메시지를 선포하는 것임을 지시한다. 설교자는 씨를 뿌리는 자이며, 그 "씨는 하나님의 말씀"이다(눅 8:11). 그는 사자(使者)로서 선포해야 할 좋은 소식을 먼저 전해 듣는다. 그는 건축 공사에 참여한 자로서 그 기초와 재료들을 모두 공급받는다(예, 고전 3:10-15).[32] 이와 같이 그는 집주인이 위탁한 소유를 맡은 청지기다.

청지기에게 요구되는 충성을 실천하는 두 번째 길이 있으니, 바로 그 소유 자체에 대한 충성이다. 그는 그것들이 손상되지 않게 지켜야 하고 부지런히 가족들에게 나누어 주어야 한다. 사도는 디모데에게 편지하면서 "맡기신 것"을 지켜야 할 그의 책임을 힘주어 강조한다. 그는 보배로운 복음을 충성스럽게 돌보도록 위탁받았다. 그것은 아름다운 '의탁'이다. 파수꾼이 성을 지키듯 혹은 간수가 감옥을 지키듯, 그는 깨어 그것을 지켜야 한다(딤전 1:11; 6:20; 딤후 1:12, 14).[33] 만일 우리가 선한 청지기라면, 우리는 "하나님의 말씀을 왜곡"(새번역)하거나(고후 4:2), 그것을 "혼잡하게" 하지 않을 것이다(고후 2:17). 우리가 할 일은 "오직 진리를 나타내는" 것이다(고후 4:2; 참고. 행 4:29, 31; 빌 1:14; 딤후 4:2; 히 13:7). 이것은 충실한 설교의 좋은 정의다. 설교는 성경에 기록되어 있는 진리의 '파네로시스'(phanerōsis), 즉 '공표'다. 따라서 모든 설교는 어떤 의미에서 강해 설교여야 한다. 설교자가 드러내고자 하는 성경적 원리들을 해명하고 강조하기 위해 정치, 윤리, 혹은 사회적 영역에서 예화를 끌어올 수는 있지만, 설교단은 결코 순전히 정치적인 해설이나 윤리적 권면 혹은 사회적 논쟁을 위한 자리가 아니다. 우리는 "하나님의 말씀"을 그리고 오직 그것만을 설교해야 한다(골 1:25).

더불어 우리는 하나님의 말씀을 전부 빠짐없이 전하도록 부름받았다. 이것이 사도 바울의 열망이었다. 그는 '하나님의 청지기직'은 '하나님의 말씀을 온전히 알게 하는 것,' 다시 말해, 그것을 전부 그리고 완전히 설교하는 것이라고 믿었다. 진실로 그는 에베소 장로들 앞에서 이렇게 고백할 수 있었다. "이는 내가 꺼리지 않고 하나님의 뜻을 다 여러분에게 전하였음이라"(행 20:27). 이와 같이 단언할 수 있는 자가 과연 몇이나 되겠는가! 우리 중 상당수는 죽을 때까지 우리가 좋아하는 장난감 목마만 타고 다닌다. 성경에서 고르고 뽑아서 좋아하는 교리들만 선택하고, 싫어하거나 어려운 것들은 지나쳐 버린다. 이렇게 우리는 신성한 집주인이 그의 지혜로운 은총으로 가족들을 위해 공급해 주신 것 중 일부를 그들에게 나누어 주지 않은 채 묻어 두는 죄를 범했다. 빠뜨릴 뿐만 아니라 성경에 무언가를 더하는 이가 있는가 하면, 하나님의 말씀에 기록되어 있는 것을 감히 부인하는 이도 있다.

쉬운 예를 하나 들겠다. 영국인이 가장 좋아하는 아침 요리는 계란과 베이컨이다. 어떤 집주인이 그의 청지기 혹은 관리인에게 계란과 베이컨을 건네주며, 나흘 동안 가족들에게 아침 식사를 제공하라는 지시를 내렸다고 생각해 보자. 월요일 아침 청지기는 그것들을 쓰레기통에 던져 버리고 대신 가족들에게 생선을 주었다. 이는 부인(contradiction)이었고, 주인은 화가 났다. 화요일 아침 그는 계란만 주고 베이컨은 주지 않았다. 이는 빼기(subtraction)이며, 주인은 또 화가 났다. 수요일 아침 그는 계란과 베이컨, 그리고 소시지를 주었다. 이는 더하기(addition)이며, 주인은 여전히 화가 났다. 그러나 마지막 목요일 아침, 그는 계란과 베이컨을 아무것도 더하지 않고 빠뜨린 것도 없이 가족들에게 주었고, 결국 주인의 마음을 기쁘게 했다!

하나님의 가족은 하나님의 말씀 전체를 신약뿐 아니라 구약도, 유명한 본문뿐 아니라 덜 알려진 본문도, 설교자의 독특한 취향이 좋아하는 단락뿐 아니라 그렇지 않은 부분까지 체계적으로 공급해 줄 수 있는 충성스러운 청지기들을 절실히 필요로 한다! 오늘날 우리에게는 저 캠브리지의 찰스 시므온(Charles Simeon)의 도량을 지닌 이들이 더 많이 필요하다. 그는 「설교를 위한 성경 강론」(*Horae Homileticae*) 서문에 다음과 같이 쓰고 있다.

필자는 신학을 조직화하는 자와는 거리가 멀다. 나는 오직 성경으로부터 나의 종교적 입장을 이끌어내려 힘썼으며, 나의 소망은 철저한 세심함으로 성경에 충실한 것, 하나님 말씀의 그 어떤 부분도 특정한 의견에 동조할 요량으로 왜곡하지 않는 것, 그리고 성경 모든 부분에 저 위대하신 저자가 전달코자 의도했다고 판단하는 바로 그 의미를 부여하는 것이다.[34]

그리하여, 그는 "모든 인간적 체계의 속박으로부터 자유"하여 "하나님의 복된 말씀의 모든 부분을 '오레 로툰도'(ore rotundo, 목청껏), 즉 누그러뜨림 없이 그리고 두려움 없이 선포"할 수 있었으며, 혹 특정한 누군가의 사상을 지지하는 것으로 생각되지는 않을까 하는 것은 아예 염두에 두지도 않았다.[35] 오직 신실한 하나님 말씀 전체의 강해만이 우리와 회중들을 저 하찮은 (우리의 것이든 저들의 것이든) 변덕과 환상으로부터 그리고 더욱 심각한 광신과 방종에서 구원해 낼 것이다. 또한 오직 그렇게 함으로써 우리는 회중에게 명백히 계시된 것과 그렇지 않은 것을 구별하도록 가르칠 것이며, 전자에 대해서는 두려움 없이 배타적이겠지만, 후자에 대해서는 기꺼이 불가지론을 취할 것이다(신 29:29을 보라).

더불어 교회는 훈련된 평신도가 필요하다. 이들은 "온갖 교훈의 풍조에 밀려 요동"하는 어린아이와 같지 않을 것이며(엡 4:14), 오히려 하나님과 그의 말씀을 아는 지식으로 자라 현대 이교의 교활한 침투에 당당히 맞설 능력을 갖춘 사람들이다. 이 행복한 상황을 이끌어 낼 수 있는 것은 오직 하나님 말씀 전체를 견실하고, 체계적이며, 교훈적으로 설교하는 일뿐이다.

이러한 성실한 가르침은 수개월 앞선 신중한 계획 없이는 불가능하다. 우리는 설교를 전체적으로 면밀히 관찰하여 혹 우리가 회피해 온 진리의 영역은 없는지, 우리가 과도한 비중을 부여한 부분은 없는지 살필 필요가 있다. 무시와 과잉 강조의 극단을 피하는 한 가지 길은 성경의 책들을 통째로 혹은 최소한 장 전체를 차근차근 잔꾀 부리지 않고 알뜰히 설명하는 것이다. 또 한 가지 길은 정기적으로 혹은 수시로 설교 방향에 대한 계획을 수립하면서, 계시된 진리의 다양한 측면을 균형 있게 포괄적으로 다루는 것이다. 평신도들이 이런 식의 설교를 견딜 수 있을까 상상하며 지레 겁먹지 말라! 리처드 백스터(Richard Baxter)가 키더민스터(Kidderminster) 주민들에게 한 지혜로운 말을 기억하라.

만일 여러분이 하나님과 천상의 지식을 배우는 일에서 시장에서 장사를 배우는 정도의 열심만 있다면, 여러분은 필시 오늘이 가기 전에 당장 그 지식에 매달릴 것이며 그것을 얻기 위해 그 어떤 비용이나 수고도 아끼지 않을 것입니다. 그렇지만 여러분은 시장 일을 배우는 데는 칠 년도 짧다고 생각하면서도 구원에 관계된 일을 힘써 배우는 데는 칠 일에 하루도 투자하려 들지 않습니다.

하나님의 말씀 전체를 설명하는 것을 목표로 삼아야 한다고 권면한다 해서, 세련미 없이 고지식한 설교자가 되라는 의미는 아니다. "내가 꺼리지 않고 하나님의 뜻을 다 여러분에게 전하였음이라"라고 말한 바울이 바로 같은 자리에서 "유익한 것은 무엇이든지…거리낌이 없이 여러분에게 전하여 가르"쳤다고 말한다(행 20:20, 27). 물론 "모든 성경은…유익"하다(딤후 3:16). 그러나 모든 말씀이 같은 시대 같은 사람에게 똑같이 유익한 것은 아니다. 현명한 청지기는 가족을 위한 식단에 변화를 준다. 식구들의 필요를 연구하며 심사숙고하여 그들에게 꼭 알맞은 음식을 제공한다. 청지기에게 음식 창고에 들어갈 물품을 결정할 권리는 없다. 창고를 채우는 것은 집주인의 몫이다. 그러나 거기서 무엇을, 언제, 얼마만큼 꺼내 올지를 결정하는 것은 그의 책임이다. 이는 청지기의 충성을 가늠하는 또 하나의 측면으로서, 이번에는 집주인 혹은 소유에 대한 충성이 아니라 가족에 대한 충성을 의미한다. 예수님은 "지혜 있고 진실한(충성된-역주) 청지기가 되어 주인에게 그 집 종들을 맡아 때를 따라 양식을 나누어 줄 자가 누구냐?"(눅 12:42)라고 말씀하셨다. 청지기의 지혜와 충성은 가족에게 제공하는 식단의 균형과 적합성으로 증명된다. 맡겨진 양식으로 집안을 먹이는 것은 청지기가 당연히 할 일이요, 더 나아가 차린 음식을 식구들이 잘 먹도록 해야 하기 때문에 그들의 입맛에 맞게 음식을 만드는 수고 또한 그의 몫이다. 그는 기지를 발휘하여 군침을 흘리게 만드는 음식을 만들어야 한다. 심지어 엄마가 아이에게 하듯 먹으라고 어르기도 해야 할 것이다. 따라서 좋은 청지기라면 창고 선반에 놓인 내용물을 기억하듯 식구들의 필요와 기호를 훤히 꿰뚫고 있어야 한다.

이 모든 것이 참으로 중요하다. 설교자가 하나님의 말씀을 아는 것만으로는 충분치가 않다. 설교자는 선포된 말씀을 들을 사람들에 대해서도 알아야 한다. 물론 그는 매력적인 설교를 위해 하나님의 말씀을 왜곡해서는 안 된다. 좀더 달콤한 맛을 낸다는 명목으로 성경이라는 센 약을 희석해서도 안 된다. 그러나 사람들이 그 말씀에 끌리도록 받음직하게 전할 필요는 있다. 무엇보다 설교자는 말씀을 단순하게 만들어야 한다. 이것이 필시 바울이 디모데에게 "진리의 말씀을 옳게 분별하며 부끄러울 것이 없는 일꾼"이 되라고 말한 의미일 것이다(딤후 2:15). 동사 '오르소토문타'(*orthotomounta*)는 문자적으로 '곧게 자름'을 뜻한다. 이는 길 만드는 모습을 표현하는데, 예를 들어, 칠십인역 잠언 3:6에 사용된다. "그가 네 길을 곧게(흠정역, '바르게') 하시리라." 우리의 성경 강해는 단순하고 바르며 또한 쉽게 이해할 수 있어서, 마치 곧은 길과 닮아 있어야 한다. 곧은 길은 따라가기가 쉽다. 그것은 구속함을 입은 자들을 위한 이사야의 대로와 같아서, 심지어 "우매한 자도 길을 잃지 않을 것이다"(사 35:8, 저자 사역, 개역개정은 대다수 영어번역본과는 다르게, "우매한 행인은 그 길로 다니지 못할 것이며"라고 번역한다-역주). 하나님의 말씀을 이렇게 곧게 자르는 것은 결코 쉬운 일이 아니다. 그것은 우리가 후에 살펴보겠지만, 하나님의 말씀뿐 아니라 사람의 성품과 사람이 사는 세상에 대한 많은 연구를 요한다. 강해 설교자는, 하나의 심연을 사이에 두고 멀어져 있는 하나님의 말씀과 사람의 마음을 연결하는 다리 놓는 자다. 그는 전력을 다해 성경을 정확하고 선명하게 해석하며, 그것을 강력하게 적용하여 진리가 그 다리를 건너도록 해야 한다.

설교자의 권위와 헌신

셋째로, 청지기직 은유는 우리에게 **설교자가 갖는 권위의 성격**을 가르쳐 준다. 설교자는 모종의 권위를 가진다. 우리는 그것을 두려워하거나 부끄러워해서는 안 된다. 권위는 겸손과 공존 불가한 것이 아니다. 제임스 스튜어트(James Stewart) 교수는 이렇게 썼다.

겸손이 확신과 대치된다는 것은 심각한 오해다. G. K. 체스터튼(Chesterton)은 그가 '겸손의 탈구(脫臼)'라고 부르는 것에 대해 지혜로운 말을 남겼다. '오늘날 우리를 괴롭히는 것은 잘못된 자리에 선 겸손이다. 겸손이 야망의 집을 떠났다. 그 겸손은 전혀 의도되지 않았던 확신의 집에 정착했다. 사람은 원래 자신에 대해서는 의심하지만 진리에 대해서는 의문을 갖지 않는 법인데, 이것이 완전히 뒤바뀌어 버렸다. 우리는 지금 그 마음이 너무나 겸손하여 구구

단조차도 믿지 못하는 인류의 출현으로 나아가는 도상에 서 있다.' 겸손과 자기 탈피는 우리에게 항상 요구되는 것이다. 그러나 복음에 대한 수줍음이나 위축은 절대 불가다.[36]

그렇다면 설교자의 권위는 어디서 나오는가? 설교자의 권위는 선지자의 권위가 아니다. 하나님에게 직접 받은 메시지를 전달하는 선지자와 같이 기독교 설교자가 "주께서 이렇게 말씀하십니다"라고 말함은 합당하지 않다. 그는 결코, 하나님의 아들이 하나님의 절대적 권위를 가지고 말하듯 혹은 저 독선적인 거짓 선지자들이 스스로의 이름으로 말하듯 감히 "진실로 진실로 내가 너희에게 이르노니"라고 말할 수 없다. 그렇다고 우리는 현대판 '말쟁이'가 되어 "최고의 현대 학자들에 의하면"이라고 운을 뗀 후 마치 귀중한 것이 제대로 올 자리에 온 것처럼 권위 있는 사람들의 말을 인용해서도 안 된다. 대신 우리가 꼭 하나를 취해야 한다면, 우리의 명패는 익히 잘 알려져 늘 회자되는, 너무도 적합한 빌리 그레이엄 박사의 말일 것이다. "성경이 말하기를."

이것이 참된 권위다. 진실로 이 권위는 간접적인 권위다. 이 권위는 명령을 발하고 복종을 기대했던 선지자들의 권위처럼 혹은 사도들의 권위(예, 딤후 3장의 바울)처럼 직접적인 것은 아니지만, 여전히 하나님의 권위다. 권위를 가지고 말씀을 선포하는 설교자 자신도 그 말씀 아래 서야 하며 그도 말씀의 권위에 복종해야 한다. 비록 청중과는 구별되어 있지만 설교자 역시 그들 중 하나다. 물론 설교자는 직접적인 '나-너' 식의 연설을 할 수 있는 권한을 가지고 있지만, 그는 때때로 일인칭 복수 '우리'를 즐겨 사용할 것이다. 왜냐하면 설교자가 설교하는 말씀이 다른 이에게 적용되는 만큼 설교자 자신에게도 적용된다는 것을 잘 알고 있기 때문이다. 그럼에도 불구하고 설교자는 여전히 하나님의 권위로 말할 수 있다.

진심으로 나는, 설교자가 하나님의 말씀 앞에 스스로 '떨며' (예를 들면, 스 9:4; 10:3; 사 66:2, 5) 말씀의 권위를 그의 양심과 삶 속에서 더 깊이 느낄수록 그 말씀을 더 권위 있게 다른 사람들에게 설교할 수 있으리라 확신한다. 청지기직 은유는 설교자와 그의 권위에 관한 모든 진리를 담아내지는 않는다. 우리는 설교자를 간섭하기 좋아하는 청지기로 생각하거나, 논쟁점에 대해 따분하고 현학적인 해석을 늘어놓는 유대 서기관으로 간주해서는 안 된다. 참된 설교는 결코 진부하거나 지루하거나 학구적이지 않으며, 오히려 하나님의 살아 있는 권위를 담되 신선하고 예리하다. 그러나 성경이 청중에게 생기 있게 다가오려면, 우선 설교자에게 먼저 생기 있게 다가와야 한다. 설교하는 말씀을 통해 하나님이 설교자에게 말씀하실 때에만 청중 역시 그의 입술을 통해 하나님의 음성을 들을 것이다.

바로 여기에 설교자의 권위가 있다. 그것은 그가 다루는 본문에 밀착된 친밀성, 다시 말해 그가 본문을 얼마나 정확하게 이해했고 그것을 먼저 자신의 영혼을 향해 얼마나 강하게 선포했는가에 달려 있다. 이상적인 설교에서 말하는 주체는 말씀 그 자체며, 좀더 정확히는 말씀 안에서 그리고 그 말씀을 통해 말씀하시는 하나님이시다. 설교자가 그 말씀과 듣는 이들 사이에 덜 끼어들수록 더 좋다. 실제로 가족을 먹이는 것은 음식을 공급하는 집주인이지, 그 음식을 나누어 주는 청지기가 아니다. 기독교 설교자는 자신의 인격이 성경이 비추는 빛으로 가려지고 자신의 목소리가 하나님의 음성에 잠길 때 최고의 만족감을 느낀다.

넷째로, 청지기직 은유는 우리에게 **설교자의 헌신의 필요성**에 관한 실제적인 교훈을 준다. 충성스러운 청지기는 창고의 내용물을 항상 잘 기억하고 있을 것이다. 성경이라는 창고는 너무나 방대하여 일생 동안 진력하여 연구해도 그 풍성함과 다양성을 완전히 드러내지 못할 것이다.

강해 설교는 가장 고된 헌신 중 하나다. 아마도 이것이 강해 설교가 그토록 희귀한 이유일 것이다. 오직 "우리가 하나님의 말씀을 제쳐놓고 접대를 일삼는 것이 마땅하지 아니하니…우리는 오로지 기도하는 일과 말씀 사역에 힘쓰리라"(행 6:2, 4)라고 말한 사도들의 본을 좇아갈 준비가 된 사람들만 이 길을 택할 것이다. 말씀의 조직적인 **설교**는 말씀의 조직적인 **연구** 없이는 불가능하다. 일상적인 성경 읽기로 몇 구절 대충 읽거나 혹은 그 본문으로 설교해야 될 때만 그 단락을 연구하는 것으로는 충분하지 않다. 결코 그렇지 않다. 우리는 날마다 성경의 강물에 푹 잠겨야 한다. 우리는 단지 현미경으로 들여다보듯 몇 구절에 대한 상세한 언어학적 분석에 그쳐서는 안 된다. 망원경을 들고 하나님 말씀의 광대한 평원을 응시하며 인류 구원에 나타난 웅장한 신적 주권의 진리들을 온몸으로 체득해야 한다. C. H. 스펄전은 "성경의 정기를 먹는 자, 그리하여 그대의 입이 성경의 언어로 말하고 그대의 영이 주의 말씀의 향취를 발하며 그대의 피가 **성경혈**(Bibline)이 되어 성경의 정수가 그대로부터 흘러나온다면, 그대는 참으로 복이 있도다"라고 말했다.[37]

이 매일의 끈질긴 성경 연구의 헌신과는 별도로, 우리는 설교단에서 강해하기 위해 선택된 구절 또는 단락에 특별히 정력을 쏟아야 할 것이다. 마음을 단단히 먹고 지름길로 가려는 유혹을 뿌리쳐야 할 것이다. 시간을 들여 성심을 다한 철저함으로 본문을 연구해야 하며, 그것을 묵상하고, 그것과 씨름하며, 마치 개가 뼈다귀를 쥐어짜듯이 본문이 참된 의미를 내놓을 때까지 놓아 주지 않아야 한다. 때로 이 과정에는 고통과 눈물이 따를 것이다. 우리는 이 일을 위해 서재의 모든 자료들, 단어 사전과 용례 사전, 현대 번역본들과 주석들을 동원할 것이다. 그러나 무엇보다 우리는 본문을 두고 기도해야 한다. 왜냐하면 성경의 궁극적인 저자이신 성령이 최고의 해석자시기 때문이다. 바울은 디모데에게 "내가 말하는 것을 생각해 보라. 주께서 범사에 네게 총명(이해-역주)을 주시리라"(딤후 2:7)라고 편지했다.

우리는 힘써 생각해야 하지만, 우리에게 이해를 주시는 분은 하나님이시다. 본문이 이해되었다 하더라도 설교자의 일은 단지 절반에 이르렀을 뿐이다. 왜냐하면 본문의 의미에 대한 명확한 이해 뒤에는 오늘날 사람들이 맞닥뜨리게 되는 실제적인 상황을 위한 적용이 따라와야 하기 때문이다.

오직 이러한 헌신적이고 포괄적인 그리고 구체적인 연구를 통해서만 설교자의 마음이 지속적으로 하나님의 생각으로 가득하게 될 것이다. 설교자는 하나님이 그에게 드러내 주신 보화들을 파일 또는 노트북에 차곡차곡 정리해 둘 것이다. 이로써 그는 공급이 마르지 않을까, 설교거리가 떨어지지 않을까 두려워할 필요가 없다. 참으로 그럴 가능성은 전혀 없다. 오히려 문제는 이토록 풍부한 자원들 가운데 어떻게 하나의 메시지를 뽑아낼까 하는 것이 될 것이다.

따라서 숙련된 청지기는 항상 그의 창고를 잘 관리하고 보살핀다. 그는 단조로운 메뉴로 가족들을 싫증나게 하거나 맛없는 식단으로 괴롭히거나 상한 음식으로 소화 불량을 일으키는 일 따위는 하지 않을 것이다. 청지기는 예수님이 말씀하신 "새것과 옛것을 그 곳간에서 내오는 집주인과 같"을 것이다(마 13:52).

'하나님의 비밀'을 맡은 청지기는 이와 같다. 말씀 연구와 설교에, 그리고 사람들로 하여금 말씀 안에서 말씀을 통해 하나님의 권위를 느끼도록 하기 위해 충성을 다한다. 자신에게 일을 맡긴 집주인에게 충성을 다한다. 자신에게 양식을 의지하는 가족에게 충성을 다한다. 그리고 자신에게 믿고 맡겨진 위탁물에 충성을 다한다. 하나님, 우리를 충성스러운 청지기가 되게 하소서!

사자 2
A Herald

설교자의 선포와 호소

사도적 케리그마

그리스도의 대사(大使)들

선포

호소

선포 없는 호소?

호소 없는 선포?

만일 설교에 관한 신약의 유일한 은유가 청지기였다면, 우리는 설교자의 과업이 다소 지루하고 무미건조하며 단조로운 일이라는 인상을 가질 것이다. 그러나 신약에는 다양한 은유가 등장하며, 그중에서 가장 두드러진 것은 하나님의 복음 선포라는 장중하면서도 흥분되는 책임을 맡은 사자(使者)의 은유다. 청지기와 사자는 서로 대립적이지 않다. 사도 바울은 그 자신과 동료들을 이 둘 모두로 인식했다. 바울이 고린도전서 4장 시작 부분에서 그들을 "하나님의 비밀을 맡은 자"라고 말한다면, 같은 편지 첫 번째 장에서 그는 기독교 설교자의 활동을 "우리는 십자가에 못박힌 그리스도를 전하니[케리소멘(kēryssomen), 우리는 선포한다]"라는 문구로 요약하며, 바로 이 포고된 선포[케리그마(kērygma)]를 통해 하나님이 "믿는 자들을 구원하시기를" 기뻐하신다고 선언한다(고전 1:21, 23). 이와 유사하게 목회 서신들에서 바울은 디모데에게 "부탁한 아름다운 것을 지키라"(딤후 1:14) 그리고 그것을 "충성된 사람들에게 부탁하라"고 당부하는데(딤후 2:2), 여기서 그는 복음을 "전파하는 자[케릭스(kēryx), 사자]…로 세움을" 입었다고 두 번이나 말한다(딤전 2:7; 딤후 1:11).

청지기와 사자 직분은 결코 공존 불가의 관계에 있지 않지만 분명 서로 다른데, 둘을 구별하는 네 가지 주요한 속성을 나열

하는 것이 이해에 도움이 될 것이다.

첫째, 청지기의 과업이 하나님의 가족을 먹이는 것이라면, 사자에게는 온 세상에 선포할 좋은 소식이 주어진다. 한 저자는, 신약 설교의 전형은 "교회 울타리 안에 있는 확신에 찬 신자들의 폐쇄적인 모임에 주어지는" 형식적이고 이론적인 강연이 아니라, 오히려 "임금님이 직접 내린 최신 전갈을 대낮에 나팔소리로 쩌렁쩌렁하게 모든 사람이 듣도록, 사자 또는 마을 이장이 외치는 선포"라고 말한다.[1] 이 공적인 활동을 묘사하는 헬라어 동사가 몇 개 있는데, 특히 '선언하다' 혹은 '알리다'를 의미하는(접두어 *an, ap, di, kat*를 단 단어들을 포함한) '앙겔레인'(*aggellein*, 예를 들어, 눅 9:60; 요일 1:1-5), 목적어가 필요한 타동사 '전도하다'라는 의미보다는 단순히 '복음을 전하다'에 가까운 '유앙겔리제스타이'(*euangelizesthai*), 그리고 '사자로서 선포하다'를 뜻하는 '케리세인'(*kēryssein*)이 있다. 앨런 리처드슨(Alan Richardson) 교수는 "이 단어들의 근본 개념은 어떤 소식을 전에 들어 보지 못한 사람들에게 말하는 것이다"라고 설명한다.[2]

둘째, 외부인에게 포고한다는 이 개념은 말의 해설보다는 행위의 선포, 구체적으로 인류 구원을 위한 하나님의 초자연적인 섭리, 특히 당신 아들의 죽음과 부활에서 절정에 이른 하나님의 역사의 공표라는 점에서 기독교 청지기의 기능과는 차이가 있다. 제임스 스튜어트 교수가 말하듯, "설교는 특정한 입장이나 의견 혹은 이념을 선전하기 위해서가 아니라, 하나님의 위대한 행위를 선포하기 위해 존재한다."³⁾ 그렇다고 이 둘이 서로 모순된다는 의미는 아니다. 기독교 설교자는 청지기면서 또한 사자다. 참으로 설교자가 포고하는 복된 소식은 그가 청지기로 맡은 말씀 안에 포함되어 있다. 하나님의 말씀은 본질적으로 그리스도 안에서 그리고 그리스도를 통해 행하신 하나님의 위대한 구속 행위의 기록과 해석이다. 성경은 죄인들의 유일한 구원자이신 그리스도에 대한 증거를 담고 있다. 따라서 말씀의 선한 청지기는 그리스도 안에 있는 구원의 복된 소식을 전하는 열정적인 사자가 될 수밖에 없다.

우리는 하나님 말씀의 청지기지만, 또한 하나님이 행하신 일의 사자다. 우리가 완성된 계시의 청지기라면, 완성된 구속은 우리가 사자로서 선포해야 하는 복된 소식이다. 로버트 마운스(Robert Mounce) 박사는 "포고라는 개념은…신약 전체에 걸쳐 그리스도 사건의 지속적인 선포를 지칭하는 전형적인 방식이다."⁴⁾라고 말했다.

셋째, 청지기직 은유의 강조점이 대부분 청지기의 행위, 그리고 그가 주인의 소유를 충성스럽게 지키고 나누어 주어야 한다는 요구 사항에 맞추어져 있었다면, 사자 은유는 이와 더불어 듣는 이들의 행동까지 기대한다. 사자는 사람들이 듣든지 안 듣든지 상관하지 않은 채 단순히 복된 소식을 선포하지 않는다. 결코 그렇게 하지 않는다. 사자에게 선포는 호소(呼訴)다. 사자는 반응을 기대한다. 그리스도의 대사는 하나님이 그리스도를 통해 성취하신 화해를 공표하며, 사람들에게 하나님과 화해할 것을 강청한다.

넷째, 청지기와 사자는 집주인과 가족 사이, 그리고 주권자와 백성 사이에 선 중개자라는 공통점을 지니지만, 신약에서 사자는 좀더 직접적인 권위를 소유하고 그의 주인을 더욱 밀접하게 대표하는 것으로 보인다. 청지기는 집주인이 오랜 기간 멀리 떠나 있어도 일을 계속하는 반면, 사자가 선포를 발할 때는 바로 왕의 목소리가 울려 퍼지는 셈이다. 「그림 데이어 사전」은 '케럭스'를, "사자란 공적인 권위를 부여받아 왕, 판사, 제후, 군대 지휘관의 공적 메시지를 포고하거나 공적 소환 혹은 요구를 전하는 메신저"라고 정의한다.[5] 이렇게 기독교 설교자들은 '그리스도의 대사들'이며, 뒤에 좀더 구체적으로 살펴보겠지만 "하나님이 우리를 통하여" 권면하신다(고후 5:20). 같은 진리에 대한 놀라운 예는, 사도가 하나님이 유대인과 이방인 사이 그리고 그들과 하나님 사이에 설립하신 화해를 묘사하는 에베소서 2장에 제시된다. 사도는 그리스도가 당신의 십자가를 통해 이루신 일을 "화평하게 하시고"(엡 2:15)라는 말로 요약한다. 그리고 덧붙이기를, "또 오셔서 먼 데 있는 너희에게 평안을 전하시고 가까운 데 있는 자들에게 평안을 전하셨으니"라고 한다(엡 2:17). 예수 그리스도에 의한 이 평안(평화-역주)의 설교는 (참고. 행 10:36) 문맥에 따르면 그의 죽음 이후에 일어났다. 이것이 부활과 승천 사이 40일 간의 그분의 가르침을 지칭할 가능성은 거의 없다. 왜냐하면 그 기간 동안 예수님은 오직 당신의 제자들에게만 당신을 나타내셨기 때문이다. 따라서 이것은 기독교 설교자들의 일을 지시하고 있음이 틀림없다. 당신의 십자가로 화평하게 하신 동일한 그리스도가, 이제는 당신의 사자를 통해 평화를 설교하신다. 현대 작가들이 설교를 '실존적'이라고 묘사한 것은 바로 이런 의미에서다. 복음의 포고 행위를 통해 하나님은 그리스도 안에서 직접 사람들을 대면하신다.

지금까지 청지기의 일과 사자의 포고 개념 사이에 존재하는 주된 차이점들을 요약했으니, 이제 우리는 사자의 직무와 과업에 대해 좀더 가까이 살펴볼 수 있는 자리에 이르렀다. 이 장 내용의 상당 부분에 관해 나는 베델 대학교 기독교학과 주임교수인 로버트 마운스에게 크게 빚지고 있음을 밝히는 바다. 그의 책 「신약 설교의 근본적 성격」(*The Essential Nature of New Testament Preaching*)이 1960년에 출간되었다. A. M. 헌터(Hunter) 박사가 그 서문에서 말하듯, 이 책의 "관심은 '케리그마', 즉 그리스도의 첫 사자들이 당시 저 거대한 이방 세계를 향해 외쳐 선포한 복음, 열아홉 세기가 지나도록 세상 저편으로부터 우리 인간의 곤경을 위해 주어진 바로 그(the) 말씀으로 남아 있는 복음이다."[6] 나는 이 책을 신선하면서도 풍성한 의미를 가진 흡입력 있는 책으로 평가한다.

마운스 박사는 "호메로스의 세계에서 사자는 고위직에 있는 사람으로 궁정에서 중요한 지위를 가진 사람이었다면, 호메로스 시대 이후…사자는 왕보다는 국가를 섬기는 사람이었다."[7]
사자의 직무는 후대의 마을 알림꾼처럼 공적인 공표를 담당하는 것이었다. 사자에게 힘찬 목소리는 필수였으며 때로 나팔을 사용하기도 했다. 더욱이 "사자에게는 본질적으로 상당한 자기조절 능력이 요구되었다. 선포는 선포자에게 주어진 그대로 정확하게 포고되어야 했다. 주인의 마우스피스로서 그는 자신의 해석을 감히 덧붙일 수 없었다."[8]

이러한 사람들이 구약에는 드물지 않게 등장한다. 바로는 사자들이 요셉의 수레를 앞서 가며 그 앞에서 '엎드리라!' 하고 소리를 지르도록 했다(창 41:43). 모르드개로 하여금 "말을 태워서 성중 거리로 다니"게 할 것도 유사한 맥락에서 경의의 표시였다(에 6:9-11). 모든 사람이 "엎드리어 느부갓네살 왕이 세운 금 신상에게 절하라"는 왕의 칙령이 두라 평지에서 사자에 의해 공적으로 반포되었다(단 3:1-5). 유다에서도 외국에서와 같이 왕의 명령이 사자들에 의해 공포되었는데, 예를 들어 히스기야 왕은 파발꾼들을 이스라엘과 유다 전역으로 보내어 백성들로 하여금 예루살렘으로 올라와 유월절을 지키도록 명했다(대하 30:1-10).

세례 요한도 그와 같은 사자였다. 선지자들도 여호와의 사자로서 공적인 선포를 담당했지만, 세례 요한의 경우 이 직무는 특히 명료하고도 또렷했다. 복음서 기자 마가는 그를 하나님 앞에서 주의 길을 예비하는 하나님의 '사자'로 이해한다(말 3:1;

막 1:2). 그는 메시아의 전조(前兆)로서 사람들로 하여금 회개하여 오실 이의 도래를 준비하도록 초청했다. 만일 세례 요한이 하나님 나라가 가까이 임하였음을 선포했다면, 예수님은 그분의 오심으로 그 나라가 어떤 의미에서 이미 도래하였음을 공포했다. "예수께서 온 갈릴리에 두루 다니사 그들의 회당에서 가르치시며 천국 복음을 전파하시며[케리손(kēryssōn), 포고하시며]…"(마 4:23). 예수님은 제자들에게도 이 직무를 위탁하셨다. 살아 계실 때 그분은 제자들을 보내시면서 "가면서 전파하여[케리세테(kēryssete)] 말하되 천국이 가까이 왔다" 하라고 말씀하셨으며(마 10:7), 부활 후에는 "그의 이름으로 죄사함을 받게 하는 회개가…모든 족속에게 전파될[케리크테나이(kērychthēnai)]" 것이라는 우주적 명령을 그들에게 주셨다(눅 24:47).

사도적 케리그마

이 사실이 사도행전과 사도적 '케리그마'에 관한 전체적인 질문으로 우리를 이끌고 간다. C. H. 도드(Dodd) 교수가 그의 책 「사도적 설교와 전개」(The Apostolic Preaching and its Developments)에서 '케리그마'와 '디다케'(didachē)를 엄격히 구분했다는 것은 익히 잘 알려진 사실이다. 그는 전자를 "비기독교 세계를 향한 기독교의 공적 선포"로 정의하면서, 후자를 회심자를 위한 "윤리적 지침"으로 이해한다.[9] 이 구별은 폭넓은 지지를 받았지만 그 의미가 다소 과장된 것은 분명하다. '전도하다'(혹은 설교하다—역주)라는 의미의 동사 '케리세인', 그리고 '가르치다'라는 뜻의 동사 '디다스케인'(didaschein)이 복음서에서 종종 교차적으로 사용된다는 마운스 박사의 지적은 정확하다. 예를 들어, 한 복음서 기자는 예수께서 "그들의 회당에서 가르치시며"라고 말하는 반면, 다른 기자는 "그들의 여러 회당에서 전도하시고"라고 보도한다.[10] 사도행전에서도 이 단어들이 중첩되어 나타난다. 이에 마운스 박사는 '교훈적 케리그마'라는 용어를 도입하면서 다음과 같이 말한다. "가르침은 선포된 것에 대한 상세한 해설이다."[11] 덧붙이기를, "'케리그마'는 기초이고 '디다케'는 건물이다. 어느 하나만으로는 그 어떤 건축도 완전할 수 없다."[12]

초기 사도적 '케리그마'에 상당 부분 '디다케'가 포함되어 있었음을 감안할 때, 이들 최초의 기독교 사자들은 무엇을 가르쳤는가? 그들이 선포한 내용은 무엇이었는가? 도드 교수의 요약에 따르면, 그것은 "예수 그리스도의 죽음과 부활의 선포로서 이 사실들이 구원론적 의미를 지니는 종말론적 맥락 안에서의 선포였다."[13] 이에 대한 마운스 박사의 비판 또한 타당하다. 사도적 '케리그마'는 "일종의 정형화된 여섯 대지(six-headed) 설교"[14]가 아니라 오히려 "원시 기독교 신학의 조직적 진술"[15]이었다고 단언하면서, "가장 간단히 개설하면" 다음과 같이 세 부분으로 구성되었다고 제안한다.

(1) 예수의 죽음, 부활, 그리고 승귀(昇貴)의 선포(예언의 성취됨과 더불어 인간의 책임을 수반하는 것으로 간주됨)
(2) 자연스런 귀결로서 예수의 주와 그리스도 되심의 인정
(3) 회개하고 죄사함을 받으라는 초청[16]

혹은 이 셋을 하나로 묶어 그는 원시 '케리그마'를 "주와 그리스도가 되시는 예수님의 인격에 대한 인정으로 인도하며, 사람들로 하여금 회개의 필연성에 직면케 하고, 더불어 죄사함을 약속한 예수의 죽음, 부활, 그리고 승귀의 선포"로 정의한다.[17] 따라서 이 온전한 '케리그마'는 "역사적 선포, 신학적 인정, 그리고 윤리적 초청"을 포함했다.[18] 사도행전 시작부에 소개된 베드로의 다섯 연설을 기초로 이 '케리그마'를 재구성한 마운스 박사는, 그가 말한 소위 "바울-이전 케리그마"에 의해 어떻게 이것이 확정되는지를 보여 준다. 즉, "바울 서신들에 배태되어 있는 것으로 발견되는 반(半)신조적 요소들"로부터 [이 '케리그마'가] 유추되는데, 그것들은 "교회 설립과 바울 문서 형성 사이의 '여명기'에 속한다"는 의미에서 "바울-이전"으로 분류한다.[19]

좀더 실제적인 사용을 위해 우리는 이 장에서 마운스 박사의 사도적 '케리그마'에 대한 탁월한 요약을 단순화할 수 있다. 근본적으로 그것은 단지 두 부분, 즉 '선포'와 '호소'로 구성되어 있다. 첫 번째 부분은 마운스 박사의 (1)과 (2)를 모두 아우른다. 여기에는 예수 그리스도의 사역과 그것에서 귀결되는 그분

의 위격의 인정이 포함된다. '케리그마'는 예수님이 구원자요 주님이시라는 선포다. 이것은 분명히 더 이상 축소할 수 없는 복음의 최소치다. 복음을 설교한다는 것은, **그리스도가 곧 복음**이기에 다름 아닌 그리스도를 설교하는 것이다(예를 들어, 행 8:5; 빌 1:15). 그렇다면 우리는 어떻게 그분을 설교할 것인가? 우리는 그분을 주(主)로(고후 4:5), 하늘에서 오셨으며 아버지의 오른편으로 들리신 그리고 모든 인간이 엎드려 순종해야 할 주님으로 설교할 것이다. 우리는 또한 그분을 십자가에 달리신 구원자로, "우리가 범죄한 것 때문에 내줌이 되고 또한 우리를 의롭다 하시기 위하여 살아"나신(롬 4:25) 구원자로 설교할 것이다. 이것이 그리스도를 전파함의 두 가지 본질적인 부분이다. 여기에는 그분의 신적인 위격과 구원 사역이 포함된다.

> 케리소멘 크리스톤 에스타우로메논(kēryssomen Christon estaurōmenon)
>
> (고전 1:23, "우리는 십자가에 못박힌 그리스도를 전하니")
>
> 케리소멘···크리스톤···퀴리온(kēryssomen···Christon···Kyrion)
>
> (고후 4:5, "우리는···그리스도의 주 되신 것···을 전파함이라")

사도행전 초기 설교들의 강조점이, 즉 원시 '케리그마'의 강조점이 예수님의 죽음보다는 부활에 있었으며 바울이 "예수와 부활을" 전하였다고(행 17:18) 누가가 보도할 때, 이것이 사실상 그들의 메시지의 요약 진술이었다는 주장이 자주 대두된다. 이것은 진실이면서도 오해의 여지가 있다. 사도들은 고립된 부활이 아니라, 부활에 앞선 죽음과 뒤따르는 승천과의 관련 속에서 부활을 선포했다. 그리하여 부활은 "케리그마의 역사적 기초를 형성한 위대한 세 사건의 가장 중심"에 서 있다.[20] 그럼에도 불구하고 그리스도의 구원 사역은 하나이지만 사람이 구원받는 것은 무엇보다 그분의 죽음으로 인한 것임에는 의심의 여지가 없다. 고린도전서 15:3 이하는 (마운스 박사가 "의심할 바 없이 신약의 바울-이전 기독교의 가장 중요한 단락"이며 심지어 "현존하는 가장 오래된 기독교회의 문서"라고 부르는 부분)[21] "그리스도께서 우리 죄를 위하여 **부활하시고**"가 아니라 "그리스도께서 우리 죄를 위하여 **죽으시고**"라고 기록한다. 물론 사도는 이 원시 복음 진술에서 그치지 않고 "[그가] 다시 살아나사" 그리고 선택된 다양한 증인들에게 "보이셨다"로 나아간다. 그러나 예수님의 부활이 그 자체로 우리의 구원을 완성한 것은 아니며, 오히려 아버지를 만족시키신 그리스도의 죽음으로 구원이 성취되었음을 나타내는 공적인 증거였다. 바울이 같은 장 뒷부분에 다음과 같이 기록한 이유가 바로 여기에 있다. "그리스도께서 만일 다시 살아나지 못하셨으면 우리가 전파하는 것도 헛것이요 또 너희 믿음도 헛것이며…그리스도께서 다시 살아나신 일이 없으면 너희의 믿음도 헛되고 너희가 여전히 죄 가운데 있을 것이요"(고전 15:14, 17). 예수님이 죽은 자들 가운데서 살아나지 않았을 경우 사람들이 여전히 구원받지 못한 죄인들로 남아 있게 되는 이유는, 부활이 그들을 구원하기 때문이 아니라 부활이 없다면 예수님의 죽음이 구원의 효력이 없는 것으로 드러나기 때문이다.

이것이 바로 "우리는 십자가에 못박힌 그리스도를 전파하니"가 복음의 심장부가 되는 이유다. 우리는 또한 이 땅에 태어나서 사셨던 그리스도를 전파한다(그분이 육체가 되셔서 죄 없는 삶을 사시지 않았다면 우리의 구원자가 될 수 없었을 것이기 때문이다). 우리는 또한 부활하셔서 존귀하게 들리신 그리스도를 설교한다(왜냐하면 부활로 그의 결백함이 입증되었으며 승귀로 그가 우리의 현재적 중보자가 되셨기 때문이다). 그러나 신약 '케리그마'의 강조점은 세상의 죄를 위한 구원자의 구속적 죽음에 있다. 바울의 단언을 우리가 메아리침이 참으로 합당하다. "내가 너희 중에서 예수 그리스도와 그가 십자가에 못박히신 것 외에는 아무것도 알지 아니하기로 작정하였음이라"(고전 2:2).

그리하여, 우리의 단순화된 '케리그마'의 첫 부분은 예수님의 구원자와 주 되심의 선포다. 이제 남은 두 번째 부분은 사람들을 향한 회개와, 믿음으로 그에게 나오라는 호소다. 1918년 교회의 복음전도 사역 연구를 위한 대주교 위원회에서 처음 입안된 후 세계교회협의회 복음전도 분과에서 (약간의 수정을 거쳐) 채택된 복음전도의 정의는, "복음전도는 예수 그리스도를 소개하는 것이다"가 아니라 "복음전도는…예수 그리스도를 소개하여 사람들이 그를 통하여 하나님께 신뢰를 두고 그를 구원자로

받아들일 수 있도록 하는 것이다"라고 말한다.[22] 다른 말로, 진정한 복음전도는 반응을 촉구한다. 그것은 결과를 기대한다. 그것은 답신을 기대하는 선포다. 사자의 선포는 강의와 동일하지 않다. 강의는 냉정하고 대상적이며 학술적이다. 그것은 지성을 겨냥한다. 그것이 추구하는 결과가 있다면, 오직 모종의 정보를 나누어 주는 것, 그리하여 학생들로 하여금 좀더 깊이 연구하도록 자극하는 것뿐이다. 그러나 하나님의 사자가 올 때에는, 십자가의 피를 통한 평화의 긴박한 선포, 그리고 회개하고 스스로 무장 해제하여 제안된 용서를 겸손히 받아들이라는 소환장을 들고 온다.

그리스도의 대사(大使)들

사자의 직무에서 선포와 호소의 구분이 가장 정교하게 해설되는 곳은 고린도후서 5:18-21이다. 사실 '사자'와 '포고함' 따위의 단어는 이 구절들에 등장하지 않지만 그 개념은 아주 분명하게 제시되어 있다. 바울이 "우리가 그리스도를 대신하여 사신(혹은 대사—역주)이 되어"라고 말하는 부분이 바로 이곳이며, '대사'와 '사자'의 기능 사이에는 사실상 아무런 차이가 없다. 찰스 시므온은 1782년 임직식(John Venn)에 맞춰 존 벤에게 이렇게 편지했다 "온 마음으로 그대에게 축하를 전합니다. 일 년에 4, 50 파운드를 받을 수 있기 때문이 아니라, 성직자라는 호칭

때문도 아니라, 오직 그대가 세상에서 가장 귀중하고 가장 고귀하며 가장 중요한, 그리고 가장 영광스러운 직분인 주 예수 그리스도의 대사의 직분을 받았기 때문입니다."[23] 고린도후서 5장 단락을 자세히 들여다보기 전에, 우리는 우선 "우리가 사신이 되어"['프레스뷰오멘'(*presbeuomen*)]라는 단어를 살펴보아야 한다.

이 말은 노인 혹은 장로를 뜻하는 '프레스비스'(*presbys*)에서 유래했다. 그래서 '프레스베이아'(*presbeia*)는 무엇보다 나이 또는 연공(年功)을 의미한다. 그러다가 후에는 연공자나 선임자에게 귀속되는 존엄 혹은 계급에 적용되었다. 그리하여 「그림 데이어 사전」에 의하면, 그것은 "장로, 특히 대사직에 부여된 직무 관습"을 지칭했다.[24] 몰튼(Moulton)과 밀리건(Miligan)은 이 단어가 "그리스 도시들 사이 그리고 그 도시들과 왕들 사이의 왕래에 일상적으로 사용되었다"고 말한다.[25] 이 직무를 담당한 사람은 '프레스비스' 혹은 '프레스뷰테스'(*presbeutēs*)라고 불렸는데, 라틴어로는 '레가투스'(*legatus*)에 해당했다.[26] 그가 행하는 일은 '프레스뷰에인'(*presbeuein*)이라는 단어로 묘사되었다. 몰튼과 밀리건에 따르면, 이것은 "그리스 동부 지역에서 황제의 사절을 칭하던 통상 명칭"이었으며[27] 그들은 황제의 개인 대리자로서 종종 그 지역의 총독이었다.

이 단어들은 제1마카베오서[28]와 칠십인역의 정경들에서 수차례 등장하는데, 예를 들면 바벨론 방백들이 히스기야에게 '사자'를 보냈을 때다(대하 32:31). 그러나 신약에서 대사를 의미하는 명사 '프레스베이아'는 오직 두 차례, 그리고 대사직을 수행한다는 의미의 동사 '프레스뷰에인' 역시 오직 두 차례만 등장한다. '프레스베이아'는 누가가 기록한 예수님의 비유에서 두 번 등장한다. 므나 비유에서 "어떤 귀인이 왕위를 받아가지고 오려고 먼 나라로 갈 때에," "그 백성이…사자를 뒤로 보내어 이르되 우리는 이 사람이 우리의 왕 됨을 원하지 아니하나이다 하였더라"(눅 19:12-14). 전장으로 나아가는 왕의 비유에서, 예수님은 상대 왕이 두 배 규모의 군대를 거느리고 있음을 알게 되면 "사신을 보내어 화친을 청할지니라"라고 말씀하신다(눅 14:31-32). 동사 '프레스뷰에인'은 두 번 모두 바울의 손으로 기록되었다. 에베소서 마지막 부분에 그는 스스로를 복음을 위해 "쇠사슬에 매인 사신"으로 묘사한다(엡 6:20).[29] 바울은 복음의 대사로서 복된 소식을 포고하며 평화의 제안을 선포했는데, 바로 이 때문에 지금 그는 갇힌 몸이 되어 있었다. 동사 '프레스뷰에인'의 다른 용례는 고린도후서 5:18-21에 등장하는데, 이제 우리는 이 부분에 대해 상세히 연구하고자 한다.

모든 것이 하나님께로서 났으며 그가 그리스도로 말미암아 우리를 자기와 화목하게 하시고 또 우리에게 화목하게 하는 직분을 주셨으니 곧 하나님께서 그리스도 안에 계시사 세상을 자기와 화목하게 하시며 그들의 죄를 그들에게 돌리지 아니하시고 화목하게 하는 말씀을 우리에게 부탁하셨느니라. 그러므로 우리가 그리스도를 대신하여 사신이 되어 하나님이 우리를 통하여 너희를 권면하시는 것같이 그리스도를 대신하여 간청하노니 너희는 하나님과 화목하라. 하나님이 죄를 알지도 못하신 이를 우리를 대신하여 죄로 삼으신 것은 우리로 하여금 그 안에서 하나님의 의가 되게 하려 하심이라.

이 단락은, 빈센트 테일러(Vincent Taylor)가 "구속의 목적을 묘사하는 최고의 신약 단어"로 꼽는 화목의 관점에서 구원을 다룬다. 속죄와 구속, 칭의에 관련된 희생 제사와 상업 거래 그리고 사법적인 개념들이 생소하고 낯설게 느껴지는 현대인들의 귀를 감안할 때, 화목이라는 단어는 분명 가장 익숙하고도 인격적인 단어다. 이 위대한 주제를 다룸에 있어 사도는 두 단계를 거친다. 첫째, 그는 이 화목이 하나님에 의해 그리고 그리스도를 통해 어떻게 성취되었는지를 선포한다. 그리고 난 후, 사도는 스스로를 대사로 칭하면서 사람들에게 하나님과 화목하라고 호소한다.

선포

우선 사도의 선포를 살펴보겠다. 사도는 "모든 것이 하나님께로서 났으며"(18절)로 시작한다. 하나님은 화목의 조성자(the author)시다. 구속 사역에서의 주도권은 성부 하나님께 있으며 결코 사람에게 있지 않다. 대주교 윌리엄 템플(William Temple)이 이것을 명쾌한 문장으로 해설한다. "모든 것이 하나님께 속하였다. 나 자신의 것으로 나의 구속을 위해 내가 한 유일한 기여는 구속받아야 할 나의 죄뿐이다." 이 주도권은 그리스도의 것도 아니다. 화목은 "그리스도로 말미암아"(18절) 그리고 "그리스도 안에"(19절) 있지만 "하나님께로서 났다['에크'(ek)]"(18절). 예수 그리스도는 그를 통해 화목이 온다는 의미에서 화목의 수단이지만, 화목이 그에게서 나온다는 의미는 아니다. 구원의 주도권이 성부가 아니라 성자에게 있다고 제안하는, 혹은 성부는 "화목에 있어서 어떤 제3의 개입 대상이었다"[30]고 제안하는 모든 구속 해명은 가차 없이 비성경적인 것으로 거절해야 한다. 우리는 결코 성부에게 모종의 주저함이 있었다는 사상을 용납할 수 없다. 오히려 반대로 "그가[하나님이]…우리를 자기와 화목하게" 하셨다(18절). 모든 논쟁을 뒤로 하고 이것을 확증해 주는 사실이 있으니, 바로 이 문장에 등장하는 일곱 개의 주동사(본동사이든 분사형이든)들이 하나님을 주어로 취한다는 점이다. 그리스도로 말미암아 우리를 자기와 화목하게 하시고, 우리에게 화목을 주시고, 우리와 화목하신 이, 우리의 죄를 우리에게 돌리지 아니하시고 화목하게 하는 말씀을 우리에게 부탁하신 이, 사람들을 권면하시며 그리스도로 하여금 죄로 삼으신 이는 바로 하나님이시다. 화목하게 하는 소망과 생각, 계획, 수단을 포함한 "모든 것이 하나님께로서" 났다.

그러나 화목의 조성자가 하나님이라면, 중개자(the agent)는 그리스도다. 하나님이 화목을 이루신 것은 "그리스도로 말미암아" 그리고 "그리스도 안에"서다. 그는 이 일을 객관적이고 결정적으로 행하셨다. 이것은 18절의 아오리스트 분사 '카탈락산토스'(*katallaxantos*)에서 분명해진다. 완전한 효력이 이 동사에 주어져야 한다. 여기서 말하는 바는 하나님이 행하고 계신 무언가가 아니라, 하나님이 행하신 무언가다. 덧붙여 P. T. 포사이스(Forsyth)를 인용하면, 하나님은 "실제로 화목케 하고 계셨으며 그 일을 완료하고 계셨다. 그것은 임시적이고 예비적 일이 아니었다.…화목은 그리스도의 죽음 안에서 완성되었다. 바울은 점진적인 화목을 설교하지 않았다. 그는, 옛 성직자들의 표현을 빌리면, 완료된 역사를 설교했다.…그는 단번에 행해진 무언가를 설교했는데, 그것은 단지 하나의 초청이 아니라 모든 영혼의 화해의 기초가 되는 화목이었다."31) 이와 유사하게 제임스 데니(James Denney)는 이렇게 썼다. "화목의 사역은 신약이 의미하는 바로는 하나의 **완성된** 사역이며, **복음이 설교되기 전에** 완성되었다고 우리가 받아들여야 하는 사역이다."32)

그리스도의 십자가를 통한 하나님의 이 객관적인 성취를 지시하는 것은 아오리스트 분사 '카탈락산토스'에 국한되지 않는다. 그것은 18절과 19절의 '화목케 함'이라는 동사와 20절에 나오는 동사의 대조를 통해 분명히 드러난다. 우리는 20절의 '하나님과 화목하라'는 언설의 온전한 타당성의 기초가 되는 "그가[하나님이]…우리를 자기와 화목하게 하셨다"(18절) 그리고 "하나님께서 그리스도 안에 계시사 세상을 자기와 화목하게 하시며"(19절)라는 말에 대한 설명을 찾아내야 한다. 만일 우리가 18절과 19절의 두 동사를 사람들에게 미치는 하나님의 현재적 화목 효력을 지칭하는 것으로 해석한다면, 20절의 호소는 그 의미를 상실하며 사실상 우리로 하여금 전체 단락을 무의미하게 만드는 꼴이 된다. 여기에는 반드시 보존되어야 할 차이점이 존재한다. 두 단계가 서로 혼동되어서는 안 된다. 우리는 그리스도의 죽음 안에서의 신적인 주도권과, 오늘날 사람을 반응으로 이끄는 신적인 호소 사이를 반드시 구별해야 한다. 전자는 하나의 성취였고(18절의 아오리스트 분사형 '카탈락산토스'로 표현된다) 후자는 하나의 호소였다[20절의 아오리스트 명령형 '카탈라게테'(*katallagēte*)로 표현된다].

이 성취는 무엇인가? 하나님은 그리스도 안에서 그리고 그리스도를 통해 (그의 진노의 대상이 되는) 우리의 죄를 처리하기 위해, 또한 우리를 당신에게서 갈라놓는 장벽을 제거하고 우리를 당신과 화목케 하기 위해 무엇을 행하셨는가? 첫째, 부정의 언어로 그는 우리의 죄를 우리에게 돌리기를 거절하셨다(19절). 이 구절은 하나님이 그에게 죄를 돌리지 않는 자의 복됨을 묘사하는 시편 32:2에서(롬 4:8에서 인용됨) 가져왔다. 이 말은 하나님이 우리에게 우리의 죄를 돌렸다 해도 지극히 당연하며 적법했음을 암시한다. 진실로, "율법이 없었을 때에는 죄를 죄로 여기지

[죄를 죄인에게 돌리지] 아니하였"(롬 5:13)지만, 율법이 들어왔으니 죄가[정확히는 '불법'이] 죄로 여겨지고 또한 여겨져야[죄가 죄인에게 돌려져야] 한다. 다시 말해, 죄가 죄인의 책임으로 그리고 죄인의 탓으로 돌려져야 한다. 그러나 하나님은 순전한 당신의 은혜로 그렇게 하기를 거절하셨다. 두 번째, 긍정의 언어로 하나님은 우리를 위해 그리스도를 죄로 삼으셨다. 바울은 하나님이 "죄를 알지도 못하신 이를 우리를 대신하여 죄로 삼으신 것은 우리로 하여금 그 안에서 하나님의 의가 되게 하려 하심이라"(21절)라고 말한다. 이 경이로운 말은 그리스도의 죽음에 관한 신약의 가장 담대한 표현 중 하나를 구성한다. 이 구절은 필연적으로 갈라디아서 3:13과 연계되는데, 여기서 그리스도는 "우리를 위하여 저주"가 되셨다고 기록된다. 바울은 무슨 의미로 이 말을 했을까?

21절은 그리스도의 죄 없음에 대한 선언으로 시작한다. 이름이 분명하게 밝혀지지는 않지만, "죄를 알지도 못하신 이"로 묘사되는 분은 오직 한 분뿐이다. 히브리 동사가 의미하는 앎이 아니라면 그는 죄를 '알았다.' 그렇지만 그는 죄를 전연 경험하지 않으셨다. 죄가 되신 이는 죄 없는 그리스도다. 그가 우리의 죄로 죄가 되셨다는 설명 외에 어떤 설명이 가능하겠는가? 바울은 단순히 예수 그리스도가 우리의 죄에 대해 우리와 깊은 동료 의식을 가지셨다고 말하지 않는다. 오히려 그리스도가 우리의 죄 안에서 우리와 실질적이고 끔찍한 동일화를 이루셨다고 말하고 있다. 그가 죄로부터 자유로우시기에 오직 그만이 행하실 수 있는 고유한 동일화다.[33] 마리아의 태중에서 '육신이 된' 후, 그는 갈보리 십자가 위에서 '죄가 되었다.' 하나님은 우리의 죄를 우리에게 돌리지 아니하시고 대신 그리스도에게 돌리셨으며, 그의 무죄한 아들로 하여금 우리를 위해 죄가 되게 하셨다. 이렇게 말한다고 해서 우리는 19절이 가르치는 바, "하나님께서 그리스도 안에 계시사 세상을 자기와 화목하게" 하셨다라는 사실을 망각하지 않는다. 어떻게 하나님이 그리스도 안에 계셔서 그리스도가 죄가 되게 하실 수 있었는지 나는 설명할 수 없다. 우리는 여기서 구속의 궁극적 역설을 다루고 있다. 바울은 분명히 둘 다 가르쳤고, 따라서 우리 역시 그 둘을 만족스럽게 조화시키거나 깔끔하게 공식화할 수는 없지만 둘 다 인정한다. 하나님은 우리의 죄로써 그리스도가 죄가 되게 하심으로, 우리로 하여금 그의 의로써 의롭게 되도록 하셨다. 이 신비로운 교환은 오직 "그 안에서" 믿음으로 말미암아 그리스도에게 인격적으로 연합된 자들에게만 가능하다. 하나님은 그리스도 안에서 우리와 화목을 이루실 수 있었으며(19절), 우리는 반드시 그리스도 안에서 그것을 받아야 한다(21절).

따라서 분명히 해야 할 것이 있으니, 화목은 단지 인간의 완고한 저항을 극복함이 아니라 인간의 죄와 저주를 짊어짐이다. '변화'는 인간 안에서뿐 아니라 하나님 안에서도 일어난다.[34] 사실 신약은 단 한 번도 정확한 말로 하나님이 인간과 화목케 되신다거나 되셨다고 말하지 않는다. 하나님은 단 한 번도 동사 '화목케 하다'의 목적어로 등장하지 않는다. 또한 하나님이 주어가 될 때 동사는 항상 능동형이지 수동형이 아니다. 그럼에도 불구하고 J. H. 버나드(Bernard) 주교는 하나님의 화목케 되심의 개념에 대해 다음과 같이 서술한다. "바울이 이런 표현을 쓰기를 조금이라도 주저했다는 것은 매우 미덥지 않은 이야기다."[35] 확실한 것은 사도 바울이 화목을 인간의 공로와는 별개로 그리스도의 죽음을 통해 이루신 하나님의 성취로서, 우리는 단지 거저 주시는 선물로 '얻을'(롬 5:11) 수밖에 없는 것으로 제시했다는 사실이다. 제임스 데니를 다시 인용하면, "그리스도가 우리에게 호소하심이 합당하시며 또한 우리로 하여금 화목을 **얻게** 하는 우리의 반응을 그가 획득하실 수 있는 것은, 십자가에서 그가 이미 성취하신 공덕에 기초한다."[36]

우리가 사자로서 선포하도록 부름받은 것은 바로 이 화목이다. 화목의 조성자는 하나님이고 화목의 중개자가 그리스도라면, 사람들은 화목의 대사들이다. 이것이 사고의 순서다. 화목은 하나님으로부터 그리스도를 통해 우리에게 온다. 우리 자신이 먼저 그것을 받고 나서 다른 이들에게 알리게 된다. 하나님은 당신이 우리의 화목을 고안하시고 발효하시며 수여하시는 것으로 만족하지 않는다. 하나님이 화목의 보급을 준비하신다. 화목을 선포하는 이들은 다름 아닌 먼저 화목을 받은 이들이다. 따라서 하나님이 우리에게 주시는 선물은 두 가지다. 먼저는 화목 그 자체이고, 또한 화목의 "직분"(18절)과 "말씀"(19절)이다. 우리가 화목을 얻기까지 우리는 화목을 선포할 수 없다. 그러나 일단 우리가 화목을 얻으면 우리는 선포해야 한다. 같은 진리를 다른 말로 표현하면, 일단 우리가 '그리스도 안에' 있어서 하나님의 의가 되었으면(21절), 우리는 우리가 '그리스도를 대신하여' 그의 대사가 되었음을 깨닫는다(20절). 또한 "화목하게 하는 직분"(18절)과 "화목하게 하는 말씀"(19절) 두 표현 모두에서 '화목'에 정관사(the)가 달려 있다는 사실은 결코 사소한 일이 아니다. 우리는 바로 그 화목의 직책으로 부름받았다. 우리가 선포해야 할 것은 바로 그 화목의 말씀이다. 우리는 바울이 서술하고 있고 또한 성부에 의해 성자를 통해 십자가 위에서 성취된 오직 유일한 그 화목의 사자들로 임직되었다.

사도 바울은 우리가 선포라 칭하는 것, 다시 말해 하나님이 우리를 그에게로 화목케 하기 위해 행하신 일에 대한 공표를 이렇게 시작한다. 하나님은 우리의 죄를 우리에게 돌리기를 거절하셨다. 하나님은 우리를 대신하여 그리스도가 죄가 되게 하셨다. 이것이 우리가 사자로서 포고해야 할 '복음'이다. 그것은 한 실재적인 사실의 선포며, 영화롭게 이루어지고 절대적으로 완료된 한 행위에 대한 선포며, 이제 우리가 거저 얻을 수 있는 선물에 대한 선포다. 이 복된 소식이 값진 것이라 하여 청중의 반응에 무관심할 수는 없다. 그래서 바울은 선포에서 호소로 나아간다. 그는 말한다. "우리가 그리스도를 대신하여 사신이 되어 하나님이 우리를 통하여 너희를 권면(호소-역주)하시는 것 같이 그리스도를 대신하여 간청하노니 너희는 하나님과 화목하라"(20절).

호소

대사의 호소는 여기서 두 가지로 제시된다. 첫째, "**우리가 그리스도를 대신하여 사신이 되어…그리스도를 대신하여 간청하노니**"이다. 둘째, "**하나님이 우리를 통하여 너희를 권면**(호소-역주)**하시는 것같이**"다. 우리는 이 두 표현을 차례대로 연구할 것이다.

우선, "우리가 그리스도를 대신하여 사신이 되어…그리스도를 대신하여 간청하노니"를 살펴보자. '휘페르 크리스투'(*hyper Christou*, 그리스도를 '대신하여' 혹은 '위하여')의 반복은 참으로 경이롭다. 이것은 우리가 누리는 최고의 특권이다. 하나님이 그리스도로 하여금 죄가 되게 하신 것은 '우리를 대신하여'[휘페르 헤몬 (*hyper hēmōn*), 21절]였다. 이제 하나님이 우리로 대사를 삼으신 것은 바로 그리스도를 대신하여(휘페르 크리스투, 20절)다. 우리를 향한 그의 애착이 너무도 커서 마침내 그를 십자가로 이끌었다. 우리는 그리스도를 향해 얼마나 큰 애착을 가지고 있는가? 만일 그리스도가 우리를 사랑하시는 만큼 우리가 그를 사랑한다면, 우리는 참으로 뜨거운 열정의 대사들이 될 것이다! 이 '그리스도를 위하여'가 우리의 사역에 변혁을 일으킬 것이다. '휘페르 투 오노마토스 아우투'(hyper tou onomatos autou), 즉 "그의[혹은 간단히 '그] 이름을 위하여"(롬 1:5)보다 더 강력한 복음전도의 동력은 없다.37)

> 만물이 당신을 드러내게 하소서.
> 이 향취를 **당신을 위해** 품고 있으면서도
> 밝고 맑게 자라지 않을 만큼 비천한 것은
> 세상 어디에도 없으리.
>
> _조지 허버트(1593-1632)

우리가 대사가 되어 사람들에게 하나님과 화목하라고 간구하는 것은, 그리스도를 위해 그리고 그의 나라의 확장과 그의 이름의 영광을 위해서다. 우리는 그가 헛되이 고난받으셨다는 생각을 감히 품을 수 없다. 하나님이 그리스도의 죽음 안에서 그리고 그의 죽음을 통하여 화목에 필요한 모든 것을 이루셨는가? 그렇다면 우리는 사람들에게 하나님과의 화목이 필요함을 끈질기고 진지하게 강권하기 위해 그 어떤 수고도 마다하지 않을 것이다. 이러한 급박한 호소가 오늘날 일부 교회에서는 긍정적으로 받아들여지지 않고 있지만, 나는 추호의 의심도 없이 이것이 사도 바울이 의미했던 바라고 확신하며, 또한 그것을 증명해 보이고 싶다.

바울은 대사의 호소를 묘사하기 위해 두 개의 동사를 사용하는데, '하나님이 권면하신다,' 즉 '파라칼룬토스'(parakalountos), 그리고 '우리가 간구한다,' 즉 '데오메타'(deometha)다. '파라칼레인'(parakalein)은 다양하고 넓은 용법을 가진 단어로서 '위로하다, 격려하다, 강하게 하다'라는 의미와 더불어 특히 '훈계하다, 타이르다', '간청하다, 탄원하다, 간구하다'를 의미한다.[38] 그러나 '데오마이'(deomai)는 좀더 구체적인 의미를 지시한다. 사실이 단어는 종종 그 의미가 매우 약하지만(예를 들어, 행 8:34; 21:39; 26:3에서와 같이) 명시적으로 '청하다, 간청하다, 탄원하다, 간구하다, 애원하다'를 의미한다. 누가복음에서 이 단어는, 예수를 보고 엎드려 (깨끗케 하시기를) **구했던** 문둥병자에게(눅 5:12), 예수님 앞에 먼저 엎드려 큰소리로 "당신께 **구하노니** 나를 괴롭게 하지 마옵소서"라고 울부짖고 또한 뒤에 (예수님과) 함께 있기를 **구하였던** 거라사 귀신 들린 자에게(눅 8:28, 38), 그리고 제자들에게 더러운 귀신을 쫓아 주기를 "구하였"다가 이제는 예수님께 "선생님, **청컨대** 내 아들을 돌보아 주옵소서"라고 울부짖던, 그 간질이 분명해 보이는 아이의 아버지에게(눅 9:38, 40) 사용된다. 이것은 또한 바울이 서신서에서 좀더 개인적이고 감정적인 단락에 사용했던 동사다[예를 들어, 갈 4:12; 고후 10:2(1절은 '파라칼레인'이다)]. 기도에 사용된 것 또한 이 단어다. 때로는 평상적인 청원을 지시하지만(예를 들어, 마 9:38; 눅 10:2; 21:36; 22:32; 행 4:31; 8:22, 24; 살전 3:10), 때로 '데에시스'(deēsis)는 예수님이 겟세마네 동산에서 고뇌하실 때처럼(히 5:7) 혹은 사도가 이스라엘이 "구원을 받게" 하기 위해 그의 "마음에 원하는 바와 하나님께 구하는[데에시스] 바"를 표현할 때처럼(롬 10:1; 참고. 9:1-3) 강력한 탄원을 의미한다. 이 신약 용법에 비추어 볼 때, 대사의 호소 안에서 사람들을 향한 긴박한 간청을, 다시 말해 하나님과 바른 관계를 맺으라는 절박한 호소를 발견하는 것은 너무도 타당하다. 이에 미치지 못하는 열정은 십자가에 못박히신 "그리스도를 대신하여" 일하는 자에게는 결코 합당하지 않을 것이다.

사도가 이 호소를 묘사하는 두 번째 방식은 훨씬 더 충격적이다. "**우리가** 그리스도를 대신하여 사신이 되어" 사람들에게 하나님과 화목하라고 '간청'할 뿐만 아니라, "**하나님이** 우리를 통하여 너희를 권면"(호소-역주)하신다고 그는 선언한다. 화목을 발효하시고 우리에게 화목의 직책과 말씀을 주신 동일한 하나님이 그 과정의 마지막 단계에서도 여전히 주도권을 쥐고 계신다. 화목의 성취가 하나님의 몫이었던 것과 마찬가지로, 화목을 향한 호소 역시 하나님의 일이다. 우리는 여기서 하나님의 낮아지심을 묵상할 필요가 있다. "우리를 **위하여**"(21절) 일하셨던 하나님이 이제는 "우리를 **통하여**"(20절) 일하신다. 참으로 "**그리스도로 말미암아**"(18절) 화목을 완성하신 하나님이 이제는 "**우리를 통하여**"(20절) 사역하셔서 죄인들이 화목을 받아들이도록 하신다. **그리스도가** 처음 과업에서 하나님의 중개자였다면, 남은 과업에서는 **우리가** 그의 중개자다. 하나님은 실로 말로 표현할 수 없는 영예를 그의 대사들에게 수여하신다. 하나님이 선포와 호소에서 공히 그 복된 소식의 사자들을 통해 인간들에게 친히 말씀하시며, 그들에게 친히 나타나셔서 그들을 구원으로 이끄신다는 의미다.

이 엄청난 진리를 진술하는 방식에서 주의가 필요하다. 현대 작가들은 소위 '설교의 실존적 성격'[39]에 주의를 모으기 위해 고심해 왔으나, 내가 보기에는 위험할 정도로 멀리 나간 듯하다. 마운스 박사는 "설교의 근본적 성격"이라는 제목을 단 그의 마지막 장에서 이렇게 쓴다. "십자가의 선포는 그 자체로 구속 행위의 연장 또는 시간으로의 확장이다."[40] "그것은 하나님의 구속 행위를 연장하며 중개한다."[41] "그는[설교자는] 믿음으로 하나님의 위대한 행위를 선포함으로써 그것이 다시 한 번 일어남을 깨닫는다."[42] "시간의 장벽이 이로써 초월되어 과거의 웅장한 사건이 다시 한 번 일어난다."[43] 이와 유사하게 책의 서론에서 그는 이렇게 쓴다. "시간과 영원의 교차로에 서서, 그는[설교자는] 어떤 의미에서는 로마 제국 시대의 한 특정한 날에 속한 하나님의 거대한 행위를 시간 속으로 연장하는 특권을 누린다."[44] 고백컨대 이 언어들은 경솔하면서도 위험하다. 어떤 의미에서 사자가 선포를 통해 십자가에서 이루신 하나님의 구속 행위를 '연장하거나' 그것의 '확장' 혹은 '연속'을 발생시킬 수 있단 말인가? 마운스 박사는 모종의 방식을 통해 십자가가 '다시 한 번 일어남'을 지시하는 듯하다. 최소한 그는 이 표현을 두 번 사용한다. 그러나 그의 말이 구세주의 구속적인 죽음이 반복되었거나 그렇게 될 가능성이 있다는 의미는 아니라고 확신한다. 그리스도는 신약 기자들이 반복하고 또 반복해서 말하듯 '하팍스'(hapax), 단번에 죽으셨다. 그의 사역은 완료되었으며, 그의 희생은 완전하고, 그의 과업은 십자가에서 성취되었으며, "오직 그리스도는 죄를 위하여 한 영원한 제사를 드리시고" 이제 아버지의 오른편에 좌정하셨다(히 10:12).

나는 마운스 박사와 다른 저자들이 진정으로 말하고자 한 바가, 하나님이 과거 역사를 하나의 현재적 실재로 만드는 것은 바로 설교를 통해서라는 사실이라고 믿으며, 이에 진심으로 동의한다. 십자가는 고유한 과거의 한 사건이었으며 앞으로도 그러할 것이다. 그리고 하나님이 오늘날 그것을 실제적이고 적실하게 만드시지 않는 한, 이 사건은 과거 속에 그리고 책 안에 그대로 남아 있을 것이다. 하나님이 이 기적을 성취하시는 것은, 사람을 향한 당신의 호소를 사람을 통하여 발하시는 설교를 통해서다. 하나님은 사람들의 눈을 열어 이 사건의 진정한 의미와 영원한 가치, 그리고 영속적인 유익을 보게 하신다. "설교는 하나님의 위대한 구원 역사와 그것에 대한 인간의 각성 사이의 초시간적인 연결이다. 그것은 하나님이 당신의 역사적인 자기 계시를 현재화하고 사람에게 믿음 안에서 반응할 수 있는 기회를 주시는 매개다"라고 마운스 박사는 쓴다.[45] 그러나 진실은 이보다 더 크다. 하나님은 설교자의 선포를 통해 사람들을 대면하실 뿐 아니라, 설교를 통해 실제로 사람들을 구원하신다. 이것에 대해 바울은 확언한다. "하나님의 지혜에 있어서는 이 세상이 자기 지혜로 하나님을 알지 못하므로 하나님께서 전도(케리그마)의 미련한 것으로 믿는 자들을 구원하시기를 기뻐하셨도다"(고전 1:21). 이와 같이, 복음은 그 자체로 "모든 믿는 자에게 구원을 주시는 하나님의 능력"(롬 1:16)이다. 예수님이 나사렛 회당에서 이사야 61장을 인용하시면서 이렇게 말씀하지 않았던가? "주의 성령이 내게 임하셨으니 이는 가난한 자에게 복음을 전하게 하시려고 내게 기름을 부으시고 나를 보내사 포로 된 자에게 자유를, 눈먼 자에게 다시 보게 함을 전파하며 눌린 자를 자유롭게 하고"(눅 4:18). 그가 말씀하시기를, 그의 사명은 "포로 된 자에게 자유를…전파"하는 것뿐 아니라 실제로 그들을 "자유롭게" 하는 것이다! 마운스 박사는 이렇게 해설한다. "여기에 신약 사자직의 고유한 특징이 드러난다. 그가 선포할 때 선포의 말씀이 흘러간다. 동시에 자유의 선포는 자유롭게 한다. 광명의 설교는 눈먼 자의 눈을 뜨게 한다."[46]

이 모든 말이 십자가 설교와 십자가 자체가 하나님의 구속의 대등한 두 부분이라는 의미는 아니다. 추호라도 이런 생각은 갖다 버리라! 하나님은 우리의 구속을 십자가에서 성취하셨고, 설교는 "하나님의 능력과 구속 행위를 효과적으로 전달한다."[47] 혹은 고린도후서 5장으로 돌아가면, 하나님이 친히 행하신 일은 그리스도를 통해 우리를 당신과 화목하게 하신 것이며, 하나님이 우리를 통해 하시는 일은 사람들에게 호소하여 그와 화목하게 하고 그리하여 그들이 화목을 향유하도록 이끄는 것이다.

이제 이 모든 이론을 실제적인 적용으로 결론지을 시간이다. 사자 은유가 우리에게 가르칠 수 있는 위대한 교훈은 신약에서 사용된 그대로, 선포와 호소의 연계다. 우리는 둘을 따로 떼어놓아서는 안 된다. 다른 하나에서 고립된 하나는 진정한 신약 설교를 불가능하게 만든다. 우리는 이 둘이 서로 밀접하게 연결되어 있음을 여러 곳에서 발견한다. 그 한 예는 바로 우리 주님이 공생애 중에 발하신 최초의 말씀이다. "때가 찼고 하나님의 나라가 가까이 왔으니[이것은 선포다] 회개하고 복음을 믿으라[이것은 호소다]"(막 1:15). 다른 예가 큰 잔치 비유에서 발견되는데, 여기서 종은 초청된 사람들에게 가서 "오소서 모든 것이 준비되었나이다"라고 말하라는 지시를 받는다(눅 14:17). "모든 것이 준비되었나이다"는 선포이며, "오소서"는 그에 수반되는 호소다. 동일한 패턴이 사도행전의 초기 설교들에서 발견된다. 예를 들어, "하나님이 그의 종 예수를 영화롭게 하셨느니라. 너희가 그를 넘겨주고…생명의 주를 죽였도다. 그러나 하나님이 죽은 자 가운데서 그를 살리셨으니…그러므로…회개하고…"(행 3:13-19). 더불어 고린도 교회에 보낸 바울의 두 번째 편지에서도 이러한 순서가 또렷이 드러난다. 먼저 성취된 화목의 선포가 오고, 이어서 그것을 받으라는 호소가 따라온다. 먼저 이루어진

사실을 선포하노니 '하나님이 너희와 화목하셨다.' 그러므로 이제 '너희는 하나님과 화목하라.'

선포 없는 호소?

선포와 호소의 이 결합으로부터 우리는 상호 보완적인 두 가지 교훈을 배운다. 첫째, **우리는 결코 선행되는 선포 없이 호소를 발해서는 안 된다.** 이 단순한 규칙을 무시함으로써 사람들의 영혼이 많은 해를 입었고 그리스도의 이름이 많은 수치를 당하였다. 복음전도 설교는 너무도 자주, 결단의 내용이 회중에게 미처 주어지기도 전에 성가신 결단의 호소로 채워졌다. 그러나 복음의 본질은 사람들에게 무언가를 하라는 요청이 아니다. 복음은 하나님이 그리스도 안에서 그들의 구원을 위해 십자가에서 행하신 일의 선언이다. 선언이 있기 전에는 제대로 된 초청이 주어질 수 없다. 사람들을 진리에 반응하도록 초청하기 전에 먼저 그 진리를 파악하도록 해야 한다. 사람의 지성이 유한하고 타락한 것은 사실이지만, 결코 지성을 묵살하도록 요구해서는 안 된다. 한 사람이 회개와 믿음 안에서 예수 그리스도에게 나아온다면, 그것은 반드시 지성의 온전한 동의 아래 이루어져야 한다. 복음전도 집회 직후 소위 회심자들의 누수 현상의 상당 부분은 바로 전도자가 이 사실을 무시하기 때문에 빚어진다. 만일 누군가 인간의 지성은 어두워졌기에 복음전도 설교에서 그것에 천착해서는 안 된다고 말한다면, 나는 단도직입적으로 사도들은 그렇게 생각하지 않았다고 대답할 것이다. 사도행전에서 누가가 사도들의 설교를 묘사하기 위해 사용하는 몇몇 동사들은 철저히 지성적이다. 예를 들어, '디다스케인'(didaschein, 가르치다), '디알레게스타이'(dialegesthai, 주장하다), '수제테인'(syzētein, 논쟁하다), '순쿠네인'(synchynein, 혼동하다), '파라티테이미'(paratithēmi, 증명하다)와 '숨비바제인'(symbibazein, 증명하다), '디아카탈렝케인'(diakatalegkein, 강력하게 논박하다) 등이 있다(행 20:31; 17:2, 17; 18:4, 19; 19:8, 9; 24:25; 9:22, 29; 17:3; 18:28을 보라).

때때로 이 교육적 설교의 결과에 대해 성경은 사람들이 '회심하였다'가 아니라 '설득되었다'(개역개정판은 선포자를 주어로 해서 '권하다, 권면하다'로 번역한다—역주)로 보도한다(행 17:4; 18:4; 19:8, 26; 28:23, 24). 이것은 무엇을 의미하는가? 그것은 사도들이 일단의 교리를 가르치고 그 결론으로 사람들을 이끌고 있음을 의미한다. 사도들은 일종의 지적인 승리를 추구했으며, 사람들을 그 진리의 메시지로 설득하고 확신시켜서 그들을 회심시키려 했다. 이 흥미로운 사실은 다른 두 가지 관찰을 통해 더욱 분명하게 확인된다. 첫째는 바울이 때로 한 장소에서 오랜 기간 머물렀다는 것이다. 가장 두드러진 예는 3차 전도여행 시 그가 에베소를 방문했을 때다. 회당에서 석 달을 사역한 후, 그는 그들을 떠나 두란노 서원에서 날마다[어떤 사본은 "제 오시에서 제 십시까지"라고 부언한다] 강론하여 이같이 두 해 동안을 하였다(행 19:8-10; 참고.

14:3; 16:12, 14; 18:11, 18). 매일 다섯 시간씩 이 년 동안의 강의다! 따져 보면 2만 5천 시간 이상 복음을 가르쳤다는 말이다! 그 결과 10절에서 "아시아에 사는 자는 유대인이나 헬라인이나 다 주의 말씀을 듣더라"라고 보도함은 결코 놀랍지 않다. 초기 사도적 '케리그마'는 확고한 '디다케'로 가득 차 있었음이 확실하다.[48] 복음 설교에 지적인 측면이 있었음을 확인해 주는 두 번째 증거는, 신약성경에 나오는 회심 경험이 자주 그리스도에 대한 반응이 아니라 '진리'에 대한 반응으로 표현된다는 점이다. 회심은 '진리를 믿음'(살후 2:10-13), '진리를 앎'(딤후 2:25; 딛 1:1), '진리를 좇음'(롬 2:8; 벧전 1:22; 참고. 갈 5:7), 그리고 '진리를 알게 됨'(요 8:32; 딤전 2:4; 4:3; 요일 2:21)이며, 설교 자체는 '진리를 나타냄'(진리의 공적인 진술, 고후 4:2)이었다. 이에 더 나아가 로마서에서 바울은 회심을 이와 같이 묘사한다. "너희가…너희에게 전하여 준 바 교훈의 본을[튀폰 디다케스(*typon didachēs*)] 마음으로 순종"(롬 6:17)했다.

따라서 우리는 사도들의 본을 좇아 사람들에게 확고한 교리를 가르치거나 그들을 설득하기를 두려워해서는 안 된다. 물론 성령의 조명 없이는 사람들은 이해할 수도 믿을 수도 없다. 그러나 복음의 지적인 내용을 희석할 자유가 우리에게 있다는 의미는 결코 아니다. 그레샴 메이첸(Gresham Machen)이 현명하게 말하듯, 우리는 전력을 다해 사람들에게 왜 믿어야 하는지 설득력 있는 논거를 제시해야 하지만, 그들의 마음을 열어 "그 증

거에 주목하게" 하시는 이는 성령이시다.[49]

호소 없는 선포?

선포와 호소의 이 성경적 결합에서 우리가 배워야 할 두 번째 교훈은 첫 번째 교훈에 대한 상보적 짝이다. **우리는 호소 없이 선포를 발해서는 안 된다.** 둘 중 하나를 선택해야 한다면 나는 호소보다는 선포를 택할 것이지만, 다행히 우리는 이러한 선택으로 내몰리지 않는다. 진정한 왕의 사자가 되고자 한다면 우리는 설교에 선포와 호소 양자 모두를 위한 공간을 마련해야 한다. 나는 호소가 취해야 할 특별한 형태가 있다고는 생각하지 않는다. 또한 특정한 복음전도의 기술이나 방법론을 옹호하지도 않는다. 나는 단지 호소 없는 선포가 성경적 설교가 아니라고 말할 뿐이다. 복음을 가르치는 것만으로는 충분하지 않다. 우리는 반드시 그것을 받아들이도록 사람들을 설득해야 한다.

당연한 것이지만, 설교자가 이러한 호소를 발하는 것을 막는 많은 요인이 있다. 회개와 믿음으로의 초청을 성령의 주권을 침해하려는 시도로 간주하는 일종의 극단적 칼뱅주의가 존재한다. 물론 우리는 인간이 보지 못하고, 죽었으며, 사슬에 묶여 있음에 동의한다. 회개와 믿음이 하나님의 선물인 것과, 인간은 성령의 선행하는 은혜 없이는 자기 죄에서 돌이켜 그리스도에게 올 수 없음을 인정한다. 사도 바울은 바로 이 진리를 가르쳤다. 그러나 이것이 우리로 하여금 사람들에게 하나님과 화목하라고 간청하는 것을 막아서는 안 된다. 사도 바울도 그렇게 간청했다! 설교자들 중에는 감정주의에 대해 몸서리치는 이들이 있다. 이것이 만일 수사학적인 속임수 혹은 인위적인 감정 조작을 의미한다면, 나 역시도 그러하다. 그러나 우리는 진정한 감정을 두려워해서는 안 된다. 만일 우리가 십자가에 못박힌 그리스도를 설교하면서도 전혀 마음에 감동이 없다면 우리 심장은 이미 돌처럼 굳은 것이다. 감정보다 더 두려워해야 할 것은 차가운 직업주의, 다시 말해 감정도 영혼도 담기지 않은 채 입에서 무의식적으로 튀어나오는 메마르고 냉정한 강의다. 인간의 위기와 그리스도의 구원이라는 주제가 우리 안에 자그마한 열정도 일어나게 하지 못할 만큼 그토록 사소한 일이었단 말인가? 리처드 백스터는 사뭇 달랐다. 「참 목자상」에서 그는 이렇게 썼다.

참으로 기이한 일이다. 어떻게 내가…그냥 가볍게 그리고 냉정하게 설교할 수 있는지, 어떻게 내가 사람들을 그들의 죄 가운데 홀로 내버려둘 수 있는지, 사람들이 어떻게 반응하든 내가 어떤 고통이나 고난을 값으로 치러야 할지라도 그들에게 다가가 주님을 위해 회개하라고 간청하지 않을 수 있는지. 설교단에서 내려올 때면 내가 좀더 진중하고 좀더 열정적으로 설교하지 않은 것으로 인해 양심이 나를 후려치지 않을 때가 거의 없다. 내 양심은 인간적인 장식 혹은 고상함의 부족이나 부적절한 단어의 사용에 대해 나를 책망하지 않는다. 대신 나에게 이렇게 묻는다. '너는 삶과 죽음의 문제를 어떻게 고작 그 정도의 열정으로 말할 수 있느냐? 저 사람들을 위해 울어야 하지 않겠느냐? 네 눈물이 네 말을 가로막아야 하지 않겠느냐? 네가 크게 통곡하며 저들의 범죄를 드러내 보여주며 생명과 죽음에 관해 저들에게 강청하며 탄원해야 마땅하지 않겠느냐?'[50]

따라서 참된 하나님의 사자는 우선 그리스도의 십자가를 통한 하나님의 위대한 구속 행위를 철저하고도 진중하게 선포해야 하며, 그런 후에 정직하고도 진지하게 사람들에게 회개하고 믿으라고 호소해야 한다. 둘 중 하나가 아니라, 둘 다 설교자의 의무다.

당신의 사자들이 기쁜 소식을 들고 왔습니다.
가장 위대한 자들에게, 그리고 가장 비천한 자들에게도
사람들에게 일어나 서두르라고 명령했습니다.
저 위대한 왕의 잔치에 참여하기 위해…
그들의 구속의 복음,
죄는 사함받고, 인간은 회복되었습니다.
모두가 이 품 안으로 들어오니
한 교회, 한 믿음, 한 주님.

그런데 우리, 우리는 여전히 믿음 없는 자일까요?

마음은 흐트러지고 손은 아래로 늘어뜨린 채로?

저 싸움을 회피할까요?

그러고는 우리의 면류관을 내던져 버릴까요?

그럴 수 없습니다.

하나님의 깊은 심중에 우리를 향한 더 깊은 소망이 있으니

우리는 굳게 서서 움츠러들지 않을 것입니다.

한 교회, 한 믿음, 한 주님.

_E. H. 플럼트르(1821-1891)

증인 3
A Witness

설교자의 경험과 겸손

세상
아들
아버지
성령
교회
경험
겸손

신약성경에서 기독교 설교자에게 사용되는 세 번째 단어는 '증인'이다. 확실한 것은, 설교자가 되지 않고도 얼마든지 주 예수 그리스도의 증인일 수 있다는 사실이다. 그러나 동일하게 확실한 것은, 설교 행위가 종종 '증언'으로 묘사된다는 사실이다. 예를 들어, 밀레도에서 에베소 장로들에게 말할 때 바울은 "주 예수께 받은" 그의 사명을 일컬어 "하나님의 은혜의 복음을 증언하는 일" 그리고 "유대인과 헬라인들에게 하나님께 대한 회개와 우리 주 예수 그리스도께 대한 믿음을 증언한 것"이라고 묘사한다(행 20:21, 24).

나는 '증인'과 '증언하다'라는 단어가 당신의 마음에 무엇을 의미하는지 궁금하다. 어떤 이에게 이 단어들은 통상 '간증'이라고 말하는 것, 즉 한 사람이 회심한 상황을 이야기하고 그 이후 이어진 영적 여정에 관한 짤막한 자서전적 스케치를 곁들이는 것을 의미한다. 다른 이에게 '증인'은 우선적으로 우리 입술보다는 삶의 증거를 지칭하여, 그리스도인의 삶의 모범이 지닌 강력한 영향력을 의미한다. 우리의 구두 증언이 한편으로는 인격적인 체험의 권위로 다른 한편으로는 지속적인 삶의 증거로 확증되어야 한다는 점에서, 두 관점 모두 일리가 있다. 그럼에도 불구하고 성경에서 말하는 '증인'의 개념은 이 두 관점보다 상당히 넓고 포괄적이기 때문에, 이 주제에 관한 성경의 전체적인 가르침의 배경 아래 이해해야 한다. 이 연구를 시작하는 가장 좋은 출발점은, 내가 생각하기에 요한복음 15:26, 27에 기록된 예수님의 말씀이다. "내가 아버지께로부터 너희에게 보낼 보혜사 곧 아버지께로부터 나오시는 진리의 성령이 오실 때에 그가 나를 증언하실 것이요 너희도 처음부터 나와 함께 있었으므로 증언하느니라."

'증언하다'와 '증인'이라는 단어는 우리가 앞의 두 장에서 다룬 것과는 사뭇 다른 상황으로 우리를 안내한다. '청지기'는 가정사와 관련된 은유다. 그것은 우리를 한 집으로 데려간다. 거기서 우리는 청지기에게 가족의 행복한 삶을 위해 창고를 위탁하는 집주인에 대해 생각한다. '사자'는 정치적인 은유다. 그것은 우리를 야외로, 말하자면 시장터나 대로변으로 데려간다. 거기서 사자는 나팔을 불어 사람들을 모은 후, 왕을 대신하여 긴급하고도 기쁜 소식을 선포한다. 그런데 '증인'은 법적인 은유다. 그것은 우리를 재판장으로 데려간다. 우리는 거기서 판사석에 앉아 있는 재판관과 피고석에 앉아 재판을 받고 있는 죄수를 바라본다. 검사의 기소에 이어서 변호사가 변호를 하는데, 둘 다 자신의 주장을 뒷받침하기 위해 증인들을 소환한다.

그렇다면 신약이 설교자를 '증인'으로 칭하고 설교자에게 '증언'을 기대하는 것은 어떤 의미에서인가? 여기에 투영된 상황에 대해 나는 다음과 같은 그림을 제안한다. 예수 그리스도가 재판에 회부되신다. 그러나 이번에는 산헤드린 앞이나 총독 본디오 빌라도 혹은 헤롯 안티파스가 아니라, 온 세상 앞에 선 공개 법정이다. 성경이 '세상'이라 일컫는 것, 즉 세속적인, 불경한, 비기독교 사회, 여전히 헌신되지 않은 적대적인 바로 그 세상이 재판관역을 맡는다. 세상은 끊임없이 예수님을 판단하며 갖가지 의견을 그에게 쏟아놓는다. 마귀는 추악한 거짓말로 그를 고발하고 그의 거짓 증인들을 수백 명씩 소집한다. 성령 하나님은 '파라클레토스'(*paraklētos*), 변호인으로서, 그의 주장을 뒷받침하기 위해 우리를 증인으로 소환하신다. 기독교 설교자들은 예수 그리스도를 위해 그를 변호하고 옹호하며, 판결을 내리기 전에 세상이 반드시 듣고 고려해야 할 증거를 법정으로 가져옴으로써 예수님 편에서 증언하는 특권을 부여받았다.

이제 이 짤막한 요약을 좀더 상세하게 살펴보도록 하자.

세상

우선, 기독교적 증언은 세상 앞에서 행해진다. 예수님이 소환되어 재판을 받는 곳은 바로 '세상'이며, 설교자의 증언은 우리가 세상에 대한 참된 성경적 이해를 가지기 전까지 제대로 이해되거나 파악될 수 없다. 우리가 세상의 성격과 활동 그리고 운명을 알고자 한다면 요한의 문서를 연구할 필요가 있다. 세상의 임금 또는 지배자는 마귀다(요 12:31; 16:11). 참으로 "온 세상은 악한 자 안에(그의 지배 안에-역주) 처한 것"(요일 5:19)이다. 그것은 지나가고 있는 중이지만(요일 2:17) 그것이 지속되는 한, 교회와 하나님의 백성을 향한 세상의 적대감은 깊고도 지독하다(예를 들어, 요일 3:13). 그리하여 우리가 살피고 있는 요한복음 15장의 마지막 구절들은 세상의 적의와 미움의 맥락 안에 깊숙이 자리잡고 있으며, 오직 이 맥락 안에서 이해될 수 있다. 예수님은 이렇게 말씀하신다. "세상이 너희를 미워하면 너희보다 먼저 나를 미워한 줄을 알라…사람들이 나를 박해하였은즉 너희도 박해할 것이요…이는 그들의 율법에 기록된 바 그들이 이유 없이 나를 미워하였다 한 말을 응하게 하려 함이라"(요 15:18, 20, 25). 이어서 예수님은 이와 같이 말씀하신다. "사람들이 너희를 출교할 뿐 아니라 때가 이르면 무릇 너희를 죽이는 자가 생각하기를 이것이 하나님을 섬기는 일이라 하리라"(요 16:2). 세상은 미워하고, 세상은 핍박하고, 세상은 추방하고, 세상은 죽인다. 이것이 세상의 적개심이다.

'그러나,' 예수님의 말씀은 강력한 부정 접속사 '그러나'로 이어진다(개역개정에는 없음-역주). "[그러나]…보혜사 곧…진리의 성령이 오실 때에 그가 나를 증언하실 것이요 너희도…증언하느니라"(요 15:26, 27). 세상의 반대에 부딪힐 때 그리스도인은 어떻게 반응해야 하는가? 그는 결코 보복하지 않을 것이다. 자기 연민에 빠져 상처만 달래고 있지도 않을 것이다. 비위에 거슬리는 세상의 증오를 피해 안전하고 격리된 은신처로 숨어들지도 않을 것이다. 오히려 그는 담대히 성령의 능력으로, 예수 그리스도의 증인으로 세상 앞에 나설 것이다. 세상이 여기 있으니, 겉으로는 때로 무심하고 냉담하지만 속으로는 지극히 반역적이고 공격적이다. 그들이 어떻게 듣고 이해하고 고백하고 믿을 것인가? 어떻게 그들이 그들 앞에서 재판을 받는 예수님에게 호의적인 판결을 내어놓겠는가? 그 답은 바로 우리의 증언을 통해서다. 그리스도에 대한 교회의 증언이 필요한 이유는 그리스도에 대한 믿지 않는 세상의 반대 때문이다.

아들

둘째로, **기독교적 증언은 아들을 증언한다**. "보혜사 곧…진리의 성령이 오실 때에 그가 **나**를 증언하실 것이요." 세상의 미움은 그리스도에게 집중된다. "그들이 이유 없이 나를 미워하였다", "세상이 너희를 미워하면 너희보다 먼저 나를 미워한 줄을 알라." 그리하여 성령과 교회의 증언은 그리스도를 증언한다. 재판받으시는 이는 그리스도시다. 증인은 바로 그분을 위해 말해야 한다.

따라서 신약성경 전반에 걸쳐 복음은 근본적으로 '예수 증언'이다. 계시록에서도 동일하게 지칭된다. 선견자 요한은 도입부에서 자신을 "하나님의 말씀과 예수 그리스도의 증거 곧 자기가 본 것을 다 증언"한 하나님의 종으로 묘사한다(계 1:2). 마찬가지로, 광야에서 핍박받는 교회는 "하나님의 계명을 지키며 예수의 증거를 가진 자들"로 묘사된다(계 12:17). 구약과 신약 사이의 연결 고리를 형성하는 것도 바로 이 그리스도 증거인데, 왜냐하면 그가 말씀하시는 대로 "예수의 증언은 예언(선지자-역주)의 영"이기 때문이다(계 19:10).

확언컨대 사도들은 그들이 증언하는 대상에 대해 아무런 의심이 없었다. 예수님은 당신의 죽음과 부활 이전과 이후에 공히 그들이 당신을 증언할 것이라고 말씀하셨고(요 15:26, 27; 행 1:8) 그들은 그의 명령에 순종했다. 사도들의 설교는 그리스도로 충만했다. 사도들은 예수님의 삶과 사역에 대해 "그가 두루 다니시며 선한 일을 행하시고 마귀에게 눌린 모든 사람을 고치셨으니 이는 하나님이 함께하셨음이라"라고 말하였으며, 그렇게 말할 수 있는 이유에 관해서는 "우리는 유대인의 땅과 예루살렘에서 그가 행하신 모든 일에 증인"이기 때문이라고 했다(행 10:38, 39). 그들은 또한 예수님의 죽음에 대해 "그를 그들이 나무에 달아 죽였"다고 말했다(행 10:39). 이에 대해 추호의 의심도 없었으니, 이는 그들이 "그리스도의 고난의 증인"이었기 때문이다(벧전 5:1). 사도들은 예수님의 죽음의 역사적 사실성뿐 아니라 그것의 구속적 의미에 대해서도 증언했다. 바울은 디모데에게 이렇게 썼다. "하나님과 사람 사이에 중보자도 한 분이시니 곧 사람이신 그리스도 예수라. 그가 모든 사람을 위하여 자기를 대속물로 주셨으니 기약이 이르러 주신 증거니라"(딤전 2:5,

6). 그러나 무엇보다 먼저 그들이 가장 빠르게 증언한 것은 그의 부활이었다. 베드로는 오순절 설교에서 "이 예수를 하나님이 살리신지라. 우리가 다 이 일에 증인이로다"라고 외쳤다(행 2:32). 또한 두 번째 설교에서도 "너희가…생명의 주를 죽였도다. 그러나 하나님이 죽은 자 가운데서 그를 살리셨으니 우리가 이 일에 증인이라"라고 선포했다(행 3:14, 15; 참고. 행 10:40, 41; 13:30, 31). 누가가 사도행전의 한 구절에서 초기 설교자들에 관해 "사도들이 큰 권능으로 주 예수의 부활을 증언하니"(행 4:33)라고 묘사한 것은 전혀 놀라운 일이 아니다.

오늘날 '간증'이 종종 자서전이나 얄팍하게 포장된 자기 자랑으로 전락하는 상황에서, 우리는 이에 대한 합당한 성경적 관점을 회복할 필요가 있다. 참된 증언은 세상 재판장에 서신 예수 그리스도를 위한 증언이다.

아버지

셋째로, **기독교적 증언**(세상 앞에서의 그리스도 증거)**은 아버지에 의한 증언이다.** 아버지는 최고의 증인이시다. 예수님이 "나를 증언하신다"라고 말씀하신 분은 성령이지만, 그는 반복해서 성령이 오셔서 증언함은 궁극적으로 "아버지께로부터"임을 강조하신다. 예수님은 "**아버지께로부터**…보혜사 곧 **아버지께로부터** 나오시는 진리의 성령"을 보내실 것이다. 하늘에서의 성령의 영원한 존재와 땅에서의 그의 일시적인 사역은 모두 아버지에게서 나온다. 성령은 영원히 아버지에게서 나오신다. 그는 역사적으로 아버지에게서 오셨다. 따라서 비록 그리스도 증언이 성령에 의해 이루어지지만, 우리가 보게 되듯 이는 아버지께로부터 기원했다.

과거나 현재나 아버지의 궁극적 관심은 아들을 영광스럽고 영화롭게 하는 것이다. 예수님은 "내게 영광을 돌리시는 이는 내 아버지시니"라고 말씀하셨고, 후에는 담대히 "아버지여…아들을 영화롭게 하게 하옵소서"라고 기도하셨다(요 8:54; 17:1). 그리고 아버지께서 그를 증언하신 것은 사람들로 하여금 아들을 영화롭게 하기 위함이다. 이 진리에 관한 우리 주님의 이해를 좇아가기 위해서는, 요한복음 5:30-41에 기록된 말씀을 주의 깊게 살펴볼 필요가 있다. 발췌하여 인용하도록 하겠다. "내가 만일 나를 위하여 증언하면 내 증언은 참되지 아니하되 나를 위하여 증언하시는 이가 따로 있으니 나를 위하여 증언하시는 그 증언이 참인 줄 아노라. 너희가 요한에게 사람을 보내매 요한이 진리에 대하여 증언하였느니라. 그러나 나는 사람에게서 증언을 취하지 아니하노라"(31-34절). "내게는 요한의 증거보다 더 큰 증거가 있으니 아버지께서 내게 주사 이루게 하시는 역사 곧 내가 하는 그 역사가 아버지께서 나를 보내신 것을 나를 위하여 증언하는 것이요 또한 나를 보내신 아버지께서 친히 나를 위하여 증언하셨느니라"(36, 37절). "너희가…성경을 연구하거니와 이 성경이 곧 내게 대하여 증언하는 것이니라"(39절). 이 계시적인 강화(講話)에서 예수님은 세 가지 유효한 증언의 가능성을 지시하시는데, 그것은 그 자신의 자기 증언, 사람으로부터의 증언(요한의 증거가 대표적이다), 그리고 아버지의 증언이다. 그는 처음 둘을 불충분한 것으로 거절하시면서(31, 34절) 그를 위해 주어진 타당한 가장 큰 증거가 있으니 바로 아버지의 증언이라고 단언하신다. 그리고 이에 대해 예수님은 "나를 위하여 증언하시는…그 증언이 참인 줄 아노라"라고 덧붙이신다(32절).

한편 이런 질문을 던질 수 있을 것이다. '아버지가 아들을 어떻게 증언하시는가? 그의 증언은 어디에 있는가?' 예수님은 이에 대해 의심의 여지가 없는 대답을 남겨 두셨다. 첫째, 그것은 구약성경에 기록되어 있다. 둘째, 아들의 역사적인 말과 행위 안에서 그 대답을 듣고 볼 수 있다. 아들에 대한 아버지의 증언의 첫 부분은 구약성경이다. 예수님은 "성경이 곧 내게 대하여 증언하는 것이니라"(39절), 그리고 "모세[가]…내게 대하여 기록하였음이라"(46절)라고 말씀하셨다. 예수께서 부활하신 후 엠마오로 가는 길에 두 제자들과 더불어 "모세와 모든 선지자의 글로 시작하여 모든 성경에 쓴 바 자기에 관한 것을 자세히 설명"하셨을 때(눅 24:27), 그는 바로 이 진리를 확증하신 것이다. 이는 구약성경의 주된 성격과 목적이다. 구약성경은 오실 유대인의 메시아와 세상의 구세주에 대한 하나님의 증언이다. 그리스도의 "고난과 후에 받으실 영광"을 미리 증언하신 것은 선지자들 안에 계신 "그리스도의 영"이었다(벧전 1:10, 11).

　아들에 대한 아버지의 증언의 두 번째 부분은, 아들의 동시대인들이 들은 말과 그들이 본 행위에 있다. 아들의 말과 행위는, 정확히 이해하고 보면 그의 말과 행위가 아니라 오히려 그를 통해 말씀하시고 행동하시는 아버지의 말과 행위였기 때문에 예수님의 자기 증언이 아니었다. 예수님의 행위는 아버지께서 그에게 주사 이루게 하시는 일이었다(36절; 참고. 요 10:25). 그의 말씀도 마찬가지였다. 예수님은 "내 교훈은 내 것이 아니요 나를 보내신 이의 것이니라"라고 말씀하셨다(요 7:16; 참고. 12:49). 아들은 당신 자신의 권위로 말씀하시지 않았고 아버지 하나님으로부터 말씀하셨다.[1] 둘을 결합하면 예수님의 말씀은 이렇게 요약될 수 있다. "나는 아버지 안에 거하고 아버지는 내 안에 계신 것을 네가 믿지 아니하느냐? 내가 너희에게 이르는 말은 스스로 하는 것이 아니라 아버지께서 내 안에 계셔서 그의 일을 하시는 것이라. 내가 아버지 안에 거하고 아버지께서 내 안에 계심을 믿으라. 그렇지 못하겠거든 행하는 그 일을 말미암아 나를 믿으라"(요 14:10, 11). 따라서 메시아의 위대한 일들은 이를 통해 그의 영광을 나타낸(요 2:11을 보라) '표적'이며 하나님 나라가 그 세대에 임하였다는 또렷한 증거다(마 12:28; 눅 11:20). "그 입으로 나오는 바 놀라운 말들"(눅 4:22)과 더불어 그 기원은 그 안에 거하시는 아버지의 능력에 있었으니, 이 모두는 그를 향한 아버지의 증언이었다.

예수님의 이러한 말과 행위가 신약에 기록되고 해석되어 있으므로, 우리는 아들에 대한 아버지의 증언이 구약과 신약성경에 안치되어 있다고 말할 수 있다. 기록된 말씀은 살아 계신 말씀을 증언한다. 제임스 스튜어트 교수는 "지나간 시대 설교자들이 애호하던 금언"을 소개한다. "영국의 모든 촌락에서부터 어디로 휘돌아 가든 마침내 런던으로 인도하는 길이 존재하듯, 성경 어느 본문이든 그것이 아무리 멀어 보이고 작아 보여도 그리스도께 이르는 길은 존재한다."[2] 달리 비유하면, 성경 읽기는 마치 옛날식 보물찾기와 비슷하다. 모든 구절은 하나의 실마리가 되어 다른 실마리로 연결되고, 마침내 한 치의 오차도 없이 당신을 숨겨진 보물로 인도한다. 진실로 '대언의 영'은 구약의 선지자들이든 신약의 사도들이든 '예수(의) 증언'이다(계 19:10). 따라서 예수님을 증언할 때 비로소 우리는 성경이 우리 손 안에 들어와 있음을 발견할 것이다. 왜냐하면 아버지의 아들 증언이 발견되는 곳이 바로 성경이기 때문이다.

성령

네 번째, **기독교적 증언**(세상 앞에서의 아버지의 아들 증언)**은 성령을 통해서다**. 우리는 하나님의 그리스도 증언을 성경 안에 갇힌 죽은 증언으로 생각해서는 안 된다. 이는 성령을 통해 살아난다. 성경 안에서 그리고 성경을 통해 사람들에게 말씀하시는 이는 바로 성령이시다. 아버지의 증언은 성경을 통해서만도 아니고 성령을 통해서만도 아니며, 둘 모두를 통해서 나타난다. 오직 우리가 성령을 통한 아버지의 아들 증언이라는 경이로운 삼위일체적 공정(工程)을 체득할 때, 기독교적 증언의 성경적 관점을 이해하기 시작하는 것이다.

우리의 본문으로 돌아오면, 예수님은 당신을 증언하실 분이 아버지로부터 영원히 나오시며 또한 역사적으로 오시는 성령이라고 분명히 선언하신다(26절). 성령은 신성의 집행자시다. 하나님이 오늘 세상에서 행하시는 일은 그가 성령을 방편으로 하여 이루시는 일이다. 성령의 주된 사역 중 하나는 그리스도를 사람들에게 알리는 일이며, 예수께서는 성령이 이 사역에 얼마나 놀랍도록 탁월하신지를 계시하신다. 그에 관하여 세 가지 진리를 배울 수 있다.

첫째, 그는 '파라클레토스'이시다. 이 단어를 흠정역을 따라 '위로자(Comforter)'로 번역하든 미국 개정표준역을 따라 '상담자(Counselor)'로 번역하든, 중요한 것은 이 단어가 '증인'과 같이 법정 용어라는 사실을 관찰하는 것이다. 문자적으로 도움이나 위로, 충고를 위해 '곁으로 부름받음'을 의미하는 이 단어는, 재판에서 변호를 담당하는 변호사, 대변인, 혹은 법률 고문에게까지 사용되었다. 성령께서 '파라클레토스'로 불리는 이 다락방 강화의 구절들 외에, 이 단어는 오직 요한일서 2:1에서 사용된다. "아버지 앞에서 우리에게 대언자(혹은 대변인-역주)가 있으니 곧 의로우신 예수 그리스도시라." 이렇게 예수 그리스도는 하늘에서 우리의 대언자시며, 성령의 대언직은 땅에 있다. 그런데 성령은 땅에서 누구의 대언자신가? 그는 누구를 위해 변론하시는가? 내 판단으로 이 문맥에서는 오직 한 가지 대답만 나올 수 있으니, 바로 그리스도시다. 이 단어는 이 강화에서 좀더 넓은 의미를 가질 수 있으며, 성령은 분명 사람들을 위한 조력자와 위로자가 되신다. 그러나 이 단어가 공히 법정 용어인 요한복음 15:26, 27의 '증언하다'와 16:8의 '책망함'과 연계됨은 성령께서 변호하시는 것이 예수 그리스도를 위함임을 강력하게 시사한다. 그리스도가 하늘에서 아버지 앞에 우리의 변론자시듯, 성령은 땅에서 세상 앞에 그리스도의 변론자시다. 우리는 법정에서 단지 증인일 뿐이며, 변호의 주 책임자는 성령 하나님 자신이다.

둘째, 성령은 여기서 '진리의 영'으로 불린다. "보혜사 곧… 진리의 성령이 오실 때에" 진리는 성령의 한 특성일 뿐만 아니라 성령의 본성 자체다. 그리하여 요한은 그의 첫 번째 서신에서 이렇게 쓴다. "증언하는 이는 성령이시니 성령은 진리니라" (요일 5:6). 성령이 위증자로 드러나는 것은 생각조차 할 수 없는 일이다. 성령의 증거는 항상 참되다. 왜냐하면 그는 참되시기 때문이다.

성령께서 그리스도를 증언하는 세 번째 자격은 그가 그리스도의 영이라는 사실이다. 신약에서 그는 거의 굳어진 호칭으로

'하나님의 영'과 '그리스도의 영'으로 불리는데, 이는 그가 영원히 아버지와 아들로부터 나오기 때문이다. 우리가 연구하고 있는 요한복음 15장 말미에서도 예수님이 그에 관해 "내가 아버지께로부터 너희에게 보낼" 자라고 말씀하신다(참고. 행 2:33).

성령이 보혜사와 진리의 영 그리고 그리스도의 영이라면, 우리는 "그가 나를 증언하실 것이요"라는 예수님의 말씀에 충분히 공감할 수 있다. 그분은 그 일을 완벽하게 수행하실 수 있는 분이며, 오직 그분만이 적격이시다. 성령이 오신 목적은 그리스도를 알리고 교회에 그를 "영화롭게 하시며"(요 16:14) 세상 앞에 그를 "증언"하기 위함이었다(요 15:26).[3]

교회

이상은 우리를 마침내 설교자와 관련된 기독교적 증언의 다섯 번째 측면으로 인도한다. 우리는 사실 오랫동안 이 지점을 향하고 있었지만, 설교자의 과업을 정확하게 바라볼 수 있는 것은 비로소 지금에 와서다. 우리는 기독교적 증언의 성경적 관점을 다음과 같이 요약할 수 있다. 그것은 **세상 앞에서 성령과 교회를 통한, 아들에 대한 아버지의 증언**이다. 아버지의 살아 있는 아들 증언이 성령을 통해 발해진다면 그것은 또한 교회를 통해서다. 예수님은 이렇게 말씀하신다. "진리의 성령이…나를 증언하실 것이요 너희도…나를 증언하느니라." 베드로도 산헤

드린 앞에서 설교할 때 유사한 진술을 한다. "우리는 이 일에 증인이요…성령도 그러하니라"(행 5:32; 참고. 1:8).

성령과 교회의 이중 증언은 매우 흥미로운 현상이다. 이것은 유효한 증언은 반드시 복수여야 한다는 원리를 예증한다. 구약에서 단일 증인의 증언은 어떤 범죄를 기소하기에 부족한 것으로 간주되었다. "사람의 모든 악에 관하여 또한 모든 죄에 관하여는 한 증인으로만 정할 것이 아니요 두 증인의 입으로나 세 증인의 입으로 그 사건을 확정할 것이며"(신 19:15; 참고. 17:6, 7; 민 35:30; 히 10:28). 이 원리는 신약으로 전수된다. 예수님은 범죄한 형제에게 가서 그 잘못을 지적해도 듣지 않으면, "한두 사람을 데리고 가서 두 세 증인의 입으로 말마다 확증하게 하라"고 분명하게 말씀하셨다(마 18:15, 16; 참고. 고후 13:1; 딤전 5:19). 더욱이 이 원리는 어떤 사람의 악행에 대한 증언뿐 아니라 진리에 대한 증언에도 동일하게 적용된다. 이것이 바로 예수님이 열두 제자와 칠십 인을 "둘씩 둘씩"(막 6:7; 눅 10:1) 보낸 이유가 아닐까? 이것은 예수님이 자신에 대한 아버지의 증언이 그 자신의 자기 증언을 확증한다고 선언한 명시적 이유다. 예수님은 "너희 율법에도 두 사람의 증언이 참되다 기록되었으니 내가 나를 위하여 증언하는 자가 되고 나를 보내신 아버지도 나를 위하여 증언하느니라"라고 말씀하신다(요 8:17, 18). 이 모두는 공동 증언의 가치, 다시 말해, 교구나 지역 교회 전 회중이 이웃을 향해 일심으로 예수 그리스도를 증언함이 지닐 수 있는 엄청난 잠재력을 보여 준다. 단지 두세 증인의 증언으로 모든 말이 입증되고 확증된다면, 온 교회의 증언이 가진 파괴력을 누가 막을 수 있겠는가?

경험

비록 일치된 회중의 증언이 중요하지만, 예수 그리스도를 증언하는 특별한 역할이 설교자에게 주어진다. 이 직무의 합당한 완수를 위해 설교자에게는 두 가지 특별한 조건이 요구되는데, 경험과 겸손이다. 우리는 이제 이 둘을 하나씩 살펴볼 것이다.

지금 내가 말하는 '경험'은 설교 사역의 경험 혹은 삶의 일반적 경험을 의미하지 않는다. 물론 둘 다 설교자에게 필요하다. 내가 여기서 의미하는 것은 예수 그리스도에 대한 인격적인 경험이다. 이는 기독교적 증인의 제일가는 불가결한 표지다. 그는 결코 풍문에 의지해 말할 수 없다. 만일 그렇게 한다면 그는 '증인'이 아니다. 그는 반드시 자기 자신의 인격적 경험으로부터 말할 수 있어야 한다.

이 사실은 이 단어의 법적 관련성에서 사뭇 명백해진다. 이 단어가 사용되는 한 가지 방식은 법적 계약의 비준에서다. 예를 들어 예레미야가 그의 사촌에게서 아나돗의 밭을 샀을 때, 그는 이렇게 썼다. "증서를 써서(증서에 서명하고—역주) 봉인하고 증인을 세우고 은을 저울에 달아 주고." 여기서 그는 매매 증서에 먼저 서명하고 봉인한 후, 모든 사람들[증인들] 앞에서 바룩에게 준 사실을 크게 강조한다(렘 32:9-12; 참고. 25, 44절). 마찬가지로, 보아스도 성문 내 공공 장소에서 그 성의 장로들을 증인으로 둔 상태에서 나오미와 그의 아내가 될 모압 여인 룻에게서 그 밭을 샀다(룻 4:1-12).[4] 이 사람들이 증인으로 불리는 이유는 그들이 그 계약을 '증언했기' 때문이다. 그들은 자기 귀로 당사자들의 계약 체결에 대해 들었다. 그들은 자기 눈으로 계약 증서에 서명하고 봉인하는 것을 보았다. 이것이 가장 분명하게 드러나는 곳은 아마도 하나님이 친히 증인으로 요청될 때일 것이다. 구약성경에서 한 예를 드는 것으로 충분할 것이다. 예레미야는 바벨론 유민들에게 보내는 편지를 "나는 알고 있는 자로서 증인이니라. 여호와의 말씀이니라"라는 엄중한 선언으로 마무리 짓는다(렘 29:23).[5] 하나님이 최고의 증인이신 이유는 그가 모든 것을 아시기 때문이다. 그의 눈은 모든 곳에 편재하신다. 어떤 비밀도 그에게는 숨겨질 수 없다. 사도 바울이 서신서에서 그의 숨겨진 동기 또는 개인적인 행위에 관한 모종의 인격적인 진실을 말할 때, 네 번씩이나 "하나님이 내 증인이시라"라고 엄중히 선언하는 이유가 바로 여기에 있다(롬 1:9; 고후 1:23; 빌 1:8; 살전 2:5). 오직 하나님만이 그의 생각을 읽으실 수 있다. 오직 하나님만이 그의 동기가 순수한지 그의 마음이 순결한지 아신다. 따라서 사람들에게 고소를 당하거나 의심을 받을 때, 그는 다름 아닌 하나님을 그의 증인으로 요청할 수 있었다.

법정 상황에 관련된 '증인'이라는 단어에 또 하나의 법률적 용법이 있다. 한 시민이 난폭 운전을 고발하기 위한 증인으로 법정에 출두하려면, 그는 반드시 그 사건이 발생하는 것을 목격하여 증언할 수 있는 자라야 한다. 헬라어 동사 '마르투라스타이'(*martyrasthai*) 혹은 '마르투레인'(*martyrein*)은 「그림 데이어 사전」에 의하면 "증인이 되다, 증언하다, 증언하다, 보거나 들은 혹은 경험한 무언가를 확실하게 말하다"를 의미한다.[6] 다른 정의를 더 소개하면 다음과 같다. "증인은 어떤 사실에 대한 직접적인 지식을 가지고 사법부 앞에 그가 보고 들은 것을 단언하는 사람이다. 그는 그가 아는 것을 증언한다."[7]

이 '증인'이라는 단어의 법적인 개념들이 성경으로 넘어와 기독교적 증인의 영역에까지 이르렀다. 이 장의 기초가 되는 본문으로 다시 돌아가면, 예수님은 그의 제자들에게 "너희도… 증언하느니라"라고 말씀하실 뿐 아니라 "처음부터 [너희가] 나와 함께 있었으므로"라고 말씀하심으로써 이 사역에 그들이 적합한 자임을 분명히 하셨다(요 15:27). 그들이 증인이 될 수 있었던 것은 예수님과 **함께** 있었기 때문이다. 이것이 그들의 근본적인 자격이었다. 만일 그들이 그를 알지 못했다면 그들은 그를 증언할 수 없었을 것이다. 그들이 그를 알았기 때문에 바로 그들이 증언해야 한다.[8] 부활 후 먼저 "너희는 이 모든 일의 증인이라"(눅 24:48)라고 말씀하시고 나서 "너희가 내 증인이 되리라"(행 1:8; 참고. 1:21, 22; 2:32; 3:15; 4:33 등)라고 말씀하실 때, 예수님은 동일한 순서를 밟으셨다. **증언하기** 위해서는 반드시 **증인이어야** 한다.

이 증인됨의 자격이 그토록 중요하고 신약에서 이토록 반복되어 강조된다는 점에서, 우리는 이것에 대해 좀더 깊이 생각할 필요가 있다. '보다'와 '증언하다'라는 동사의 결합은 가장 상식적인 결합에 속한다. 최고의 증인은 목격자다.[9] 세례 요한은 이 자격을 갖추었다. 그에 관해 이렇게 기록되었다. "요한이 또 증언하여 이르되 내가 보매 성령이 비둘기같이 하늘로부터 내려와서 그의 위에 머물렀더라.···내가 보고 그가 하나님의 아들이심을 증언하였노라 하니라"(요 1:32, 34). 예수 그리스도 자신도 니고데모에게 말씀하실 때 동일하게 직접 알고 보았다고 주장하셨다. "우리는 아는 것을 말하고 본 것을 증언하노라"(요 3:11-13).[10] 다음으로, 봄과 증언함의 범주를 다른 신약 기자들에 비해 좀더 빈번하게 사용하는 요한이 말한 바도 참조가 된다. 그의 첫 번째 서신 서문에 그는 익히 잘 알려진 대로 "이 생명이 나타내신 바 된지라. 이 영원한 생명을 우리가 보았고 증언하여"라고 말한 후 "아버지가 아들을 세상의 구주로 보내신 것을 우리가 보았고 또 증언하노니"라고 말한다(요일 1:2; 4:14, 참고. 요 19:35). 마지막 예는 사도 바울이다. 그가 회심한 후 아나니아는 그에게 이렇게 말했다. "우리 조상들의 하나님이 너를 택하여 너로 하여금 자기 뜻을 알게 하시며 그 의인을 보게 하시고 그 입에서 나오는 음성을 듣게 하셨으니 네가 그를 위하여 모든 사람 앞에서 네가 보고 들은 것에 증인이 되리라"(행 22:14-15; 참고. 23:11; 26:22).

이 예시 목록에 대해 나는 변명하지 않는다. 우리는 이 쌓여진 증거들을 통해, 기독교적 증인에 관한 성경적 개념이 예수 그리스도의 직접적이고도 살아 있는 구원 경험을 전제한다는 사실을 확인할 필요가 있다. 사도는 역사적 예수를 객관적으로 보고 들었다. 한편, 부활하신 예수님이 바울에게 하신 말씀은 증인 개념을 주관적이고 신비적인 그리스도 경험으로 확장하는 것이 타당함을 암시한다. 그는 바울에게 이렇게 말씀하셨다. "내가 네게 나타난 것은 곧 네가 나를 본 일과 장차 내가 네게 나타날 일에 너로 종과 증인을 삼으려 함이니"(행 26:16). 이 미래의 그리스도 경험이 다메섹 도상의 계시와 같은 객관적인 현현이었다고 단정할 이유는 없다. 오히려 그것은 내적이고 영적인 것으로, 그는 이것에 대해서도 증언해야 했다. 따라서 우리도 그리해야 한다.

설교에 있어 우리는 청지기인 우리에게 위탁된 말씀을 해설만 하지 않는다. 또한 이루어진 위대한 구속 역사를 사자로서 선포하는 데 그치지 않는다. 이에 더하여 우리는 증인으로서, 다시 말해 하나님의 말씀과 행위를 생생하게 경험한 증인으로서 이 말씀을 해설하고 이 행위를 선포한다. 우리는 하나님의 말씀을 통해 세미한 하나님의 음성을 지금도 듣는다. 우리는 우리에게 일어난 일을 통해 하나님의 구속 행위를 여전히 보며, 믿음으로 측량할 수 없는 구원의 유익으로 들어간다. 우리의 과업은 철학적인 냉정함으로 예수님에 관해 강의하는 것이 아니다. 우리는 인격적으로 그분과 결탁되었다. 그의 계시와 구원이 우리의 삶을 바꾸어 놓았다. 우리의 눈이 열려 그가 우리의 구원자이심을 보았고, 우리의 귀가 뚫려 그가 우리의 주님이심을 들었다. 우리는 증인이며 그래서 우리는 증언해야 한다. 진정 우리는 그에 관해 조직적으로 사람들에게 가르치며, 그가 그의 죽으심으로 이루신 일의 복된 소식을 담대하게 선포할 것이다. 그러나 우리는 또한 우리 자신의 개인적인 경험으로부터 그를 선포함을 주저하지 않을 것이다. 윌리엄 템플은 이렇게 말한다. "사람들에게 '십자가로 가시오'라고 말하는 것은 참으로 쓸데없는 짓이다. 우리는 '십자가로 오시오'라고 말할 수 있어야 한다. 그리고 효과적으로 이렇게 초청할 수 있는 음성은 오직 둘뿐이다. 하나는 무죄하신 구원자의 음성으로서 우리가 취할 수 없는 음성이다. 나머지 하나는 자신이 용서받았음을 알고 있는 사함받은 죄인의 음성이다. 이것이 바로 우리 몫이다."

인격적인 경험이 증인 개념을 지배하고 있다면, 우리의 경험과 증언이 정확하게 일치해야 한다는 것은 말할 필요가 없다. 우리는 엄격하게 정직해야 한다. 성경은 우리에게 거짓 증언이라는 죄의 무거움에 대해 경고한다. 9계명은 우리가 이웃에 대해 거짓 증언함을 범주적으로 금지하며(출 20:16; 신 5:20; 참고 출

23:1), 위증은 재판장이 "그가 그의 형제에게 행하려고 꾀한 그대로 그에게 행하"도록 규정할 만큼 추악한 것으로 간주되었다(신 19:16-21). 이 죄가 얼마나 끔찍한 것으로 여겨졌는지는 "거짓을 말하는 망령된 증인"이 잠언에서 여섯 가지 하나님이 미워하시는 것들 중 하나로 지목되는 부분에서 짐작할 수 있다(잠 6:19). 예수님도 인간의 마음에서 나오는 악한 것들의 목록에 이것을 포함시키셨다(마 15:19).[11]

따라서 우리 앞에 놓인 선택은 '거짓' 증인이 되거나 혹은 '신실한' 증인이 되는 것이다. "신실한 증인은 거짓말을 아니하여도 거짓 증인은 거짓말을 뱉느니라"(잠 14:5; 참고. 25절). 마귀는 거짓 증인의 우두머리다. 그는 형제들을 중상하고 참소하는 자이며, "거짓말쟁이요 거짓의 아비"다(계 12:10; 요 8:44). 그러나 기독교 설교자는 흠 없는 참된 증인이어야 한다. 이는 우리가 하나님의 말씀을 정확하게 강해하기 위해 각고의 노력을 기울여야 함은 물론,[12] 우리 자신의 경험적 사실을 과장하지도 축소하지도 말 것을 요구한다. 청지기에게 신실한 사람이 될 것이 요구된다면 증인에게도 마찬가지다. 청지기의 신실성이 그에게 위탁된 것을 가족에게 정확하게 나누어 주는 것에 있다면, 증인의 신실성은 정직하고 솔직하게, 진리의 일부를 은폐하거나 왜곡하거나 미화하지 않은 채 그가 아는 바를 정확하게 선포하는 것에 있다. 과장하기란 참 쉬운 일이다. 우리가 실제로 한 것보다 더 좁은 길을 더 멀리 나간 것처럼 말하기 쉽다. 우리는 진리를 고백함에 있어 정직해야 한다. 사도와 같이 "내가 이미 얻었다 함도 아니요 온전히 이루었다 함도 아니라"(빌 3:12)라고 말하기를 두려워해서는 안 된다. 참된 증인은 위선의 혐의에서 자유로운 자다. 그는 투명한 유리처럼 신실한 사람이다.

이 모두가 그리스도의 증인으로 부름받은 우리에게, 어리석은 증인이 되거나 말할 것이 없는 자가 되지 않기 위해 스스로 주의하고 우리 자신의 영혼의 상태를 늘 살펴야 한다는 엄중한 책임을 드리운다. 사도들이 기도와 말씀 사역에 헌신한 것은 진실로 올바른 선택이었다. 기도 없는 설교는 공허한 껍데기일 뿐이다. 설교자에게 하나님을 아는 것보다 더 큰 조건은 없다. 말재주나 유창함, 반대로 허술한 설교나 부정확한 발음 따위는, 만일 하나님이 그에게 참된 실재시며 그가 그리스도 안에 거하는 삶을 몸소 익힌 자라고 한다면 하등 문제될 것이 없다. 설교 준비보다 훨씬 더 크고 중요한 것이 마음의 준비다. 설교자의 말은, 아무리 또렷하고 강력하다 하더라도 경험에서 우러난 확신으로 말하지 않는다면 진리를 울려 퍼지게 하지 못한다. 많은 설교들이 최고의 설교학적 법칙들을 따르고 있으면서도 그저 공허한 메아리가 된다. 그런 설교자들은 꼬집어 말할 수는 없지만 무언가 마지못해 한다는 인상을 풍긴다. 그의 설교에는 잘 훈련된 지성으로 매끈하게 간추려 제시한 증거들이 있다. 그는 좋은 목소리에 품위 있는 태도, 절제된 제스처를 갖추고 있다. 그러나 어찌된 일인지 메시지에 그의 마음이 담겨 있지 않다. 한 포목점의 어린 점원이 피터 마샬(Peter Marshall)에 대해 "그는 하나님을 아는 것 같습니다. 그리고 내가 하나님을 더 잘 알 수 있도록 도와주었습니다"라고 말한 것과는 거리가 있어 보인다.[13] 알렉산더 화이트(Alexander Whyte)는 분명하게 말했다. "[옥스포드 대학의-역주] 보들리 도서관 전부를 가지고 있다고 해도 당신 자신을 알지 못한다면, 당신은 들을 가치가 있는 설교를 할 수 없을 것이다."[14] 이것은 진실이다. 그러나 자신을 아는 것보다 더 중요한 것이 하나님을 아는 것이다.

증인의 설교에는 자발성과 전염성을 가진 따뜻함, 직설적인 단순함, 실재의 깊이가 담겨 있는데, 이 모두는 하나님을 아는 친밀한 지식에서 연유한다. 따라서 우리는 하나님을 향한 배고픔과 갈증을 가져야 한다. 우리는 그분을 사랑하고 순종함으로 그 사랑을 증명하는 자에게 자신을 나타내리라고 하신 예수님의 약속에 매달려야 한다(요 14:21). 참된 설교 준비는 우리가 특별히 할애하는 그 몇 시간이 아니라 설교가 솟아나는 원천이 되는, 설교자가 가진 총체적인 기독교적 경험에 있음을 기억해야 한다. E. M. 바운즈(Bounds)가 말했듯이 "그 사람, 그의 전인이 그 설교의 배후에 있다. 설교는 한 시간의 연주가 아니다. 그것은 삶의 넘쳐흐름이다. 하나의 설교를 만드는 데 20년이 소요된다. 왜냐하면 한 사람을 만드는 데 20년이 걸리기 때문이다."[15]

신약에서 증인이 고난과 밀접하게 연계되는 것, 그리고 증인에 해당하는 헬라어 단어[마르투스(martys)]가 점차 순교자를 의미하게 된 것은(행 22:20과 계 1:9; 2:13; 6:9; 12:11; 17:6; 20:4) 우리가 논의한 대로 그러한 하나님 경험이 우리의 인생 자체보다 훨씬 귀중하기 때문이다. 하나님이 오늘 우리에게, 예수 그리스도를 아는 지식이 세상 무엇보다 귀하여 그를 증언하기기 위해서라면 고난은 물론, 필요하다면 자기 피로 그를 증언할 준비가 된 이들을 더 많이 보내 주시기를.

겸손

경험이 참된 증인의 불가결한 표지 중 하나라면, 나머지 하나는 겸손이다. 모든 설교자는 설교단이 그에게 음흉하게 내미는 허영의 유혹을 알고 있다. 우리는 거기서 구별된 자리, 청중 위로 우뚝 솟은 자리, 그래서 사람들의 시선이 모아지고 주의가 집중되는 자리에 선다. 이것은 참으로 위험한 자리다. 그러나 나는 감히 말하건대, 기독교적 증인의 성격과 목적에 대한 정확한 이해가 이 자만이라는 위험으로부터 우리를 지켜 줄 유용한 안전 장치가 될 것이다. 기독교적 증인은 **그리스도를** 증언한다는 사실을 기억하자. 그것은 자기 증언이 아니다. 만일 우리가 우리 자신의 경험으로부터 말한다면, 그것은 단지 그리스도에 관한 우리의 가르침이 될 뿐이다. 세례 요한은 이러한 측면에서 증인의 완벽한 예로 간주될 수 있다. 그에 관하여 이렇게 기록되었다. "그가 증언하러 왔으니 곧 빛에 대하여 증언하고…그는 이 빛이 아니요 이 빛에 대하여 증언하러 온 자라"(요 1:7, 8; 참고. 15, 19절). 그리고 그가 그의 일을 행하였을 때, 그리고 그 증거의 결과로 그의 제자들이 한 사람씩 그의 곁을 떠나 예수님을 좇아가기 시작했을 때(예를 들어, 요 1:35-42) 세례 요한의 마음에는 분노는 커녕 오히려 자신의 직무를 완수한 즐거움으로 가득했다. 그는 마치 먼저 가서 사람들로 하여금 왕의 오심을 준비하도록 하는 선도자 혹은 전령과 같았다. 왕이 당도하면 누가 그 전령에게 관심을 갖겠는가? 세례 요한이 사용한 다른 은유에서, 예수님은 신부를 데리러 오신 천상의 신랑으로 등장하신다. 요한은 '신랑의 친구'로서 결혼식을 준비하는 일을 맡고 있었다. 그러나 이제 신랑이 당도했으니 신부가 신랑 외에 다른 사람에게 신경 쓰리라 기대하지 말라. '신랑의 친구'는 신부와 신랑 사이에 끼어들 의사가 전혀 없다. 그는 자기의 일을 완수했다. 신랑은 이제 '신부를 맞이했다.' '신랑의 친구'는 무대 뒤로 물러서서 '신랑의 음성을 듣고 크게 기뻐한다.' 요한은 "나는 이러한 기쁨으로 충만하였노라"라고 말하면서, 겸손한 증인의 태도를 완벽히 요약하는 선언으로 마무리한다. "그는 흥하여야 하겠고 나는 쇠하여야 하리라"(요 3:25-30). 우리는 사람들의 관심을 우리 자신에게 모으기를 원치 않으며, 그들과 그리스도 사이에 끼어들려 하지도 않는다. 우리의 증언 사역의 궁극적 목적은 사람들이 그리스도를 만나 그에게 충성을 다하는 것이다.

내가 섬기는 런던의 교회에는 동쪽 벽 성찬단 뒤에 유명한 그림이 하나 걸려 있다. 대략 가로 6미터, 세로 3미터 크기인데 교회 내부 전체에 드리워진 느낌을 준다. 윌리엄 웨스톨(William Westall)이 그린 것으로, 교회가 봉헌되던 1824년 국왕 조지 4세가 증정한 그림이다. 족쇄에 채워졌지만 위엄 있는 주 예수님의 모습을 그리고 있다. 사악한 모습의 제사장들과 야비한 군인들이 둘러서서 그분을 조롱하고 있다. 그분의 머리 둘레로 조롱의 대상을 가리키고 있는 그들의 손가락들이 눈에 들어온다. 나는 이 그림 안에서 우리 사역의 상징을 발견한다. 예수 그리스도는 우리 메시지의 중심이다. 우리는 그저 그를 가리키는 표지판이다. 저 군인들과 제사장들이 멸시와 증오로 행하는 일을 우리는 사랑과 경배로 행한다. 우리의 시야가 그분으로 가득 차는 만큼 우리가 자기중심적인 허영으로 빠져들 가능성은 줄어든다.

그러나 기독교적 증언은 단지 그리스도의 증언만이 아니다. 그것은 또한 근본적으로 아버지에 의한 성령을 통한 예수 증거다. 나는 여기서 우리의 인간적 증언이 불필요하다거나 중요치 않다고 말하려는 것이 아니다. 다만 눈을 돌려 현실을 정확히 들여다보자는 것이다. 그렇게 하는 만큼 우리는 교만의 유혹에 덜 빠져들 것이다. 세상 앞에서의 예수 증언은 궁극적으로 우리에게 달려 있지 않다. 그것은 아버지가 주도권을 갖고 계시며 성령을 통해 지속되는 위대한 증언이다. 만일 성령이 교회를 그분의 증언을 수행하는 주된 방편으로 사용하신다 해도, 공로가 돌아가야 할 곳은 성령이지 교회가 아니다.

　이 겸손한 증인의 위치에서 아버지의 성령을 통한 아들 증언 사역에 자그마한 역할이라도 참여할 수 있음을 항상 기뻐하게 하소서.

아버지 4
A Father

설교자의 사랑과 온유함

아버지의 숨겨진 권위

아버지의 관계성과 애정

아버지의 이해심

아버지의 온유함

아버지의 단순함

아버지의 진지함

아버지의 모범

아버지의 기도

설교자를 '아버지'로 부름은 언뜻 듣기에 생소할 수 있다. 사실 이 명칭이 내포하는 의미들은 엄격히 말해서 설교학의 영역과는 상관이 없는 것들이다. 그러나 바울은 스스로를 고린도와 갈라디아, 데살로니가는 물론 전체 교인들의 '아버지'라 부르기를 주저하지 않았으며, 사도가 논하는 아버지의 성품, 특히 온유함과 사랑은 신약에서 설교자를 묘사함에 있어 불가결한 요소다.

설교 사역을 묘사하는 성경적인 은유는 매우 다양하고도 풍성해서, 서로 어느 정도 겹치기도 하고 조화시키기 어려운 경우도 있다. 예를 들어, '청지기'는 상상 속에서 우리를 가정으로 안내하고, '사자'는 도시의 공공 장소로, '증인'은 법정으로 데려가지만, '아버지'는 우리를 다시 가정으로 되돌려 놓는다. 아버지와 자녀의 관계는 청지기와 가족의 관계와는 사뭇 다르다. 이는 의무보다는 애정 관계로서 '아버지' 은유가 지니는 새로움이 이제 명백하게 드러날 것이다. 둘을 명확히 구별하기 위해서는 은유로 소개된 다양한 역할들에 부여된 고유한 책임과 직무들을 대조함이 도움이 될 것이다. 청지기의 책임은 그에게 위탁된 물품들에 있다. 다시 말해, 설교자는 청지기로서 가족에게 분배해야 할 메시지에 충실해야 한다는 말이다. 기독교적 사자의 책임은, 그리스도를 통한 하나님의 위대한 구속 행위를 선포하고 그것에 반응하도록 사람들에게 호소하는 일이다. 증인은 반드시 그가 증언하는 바에 대한 직접적인 경험을 누려야 한다. 이렇게 설교자는 그의 메시지에 몰두하여 그것이 무엇인지 그리고 어떻게 전달할 것인지 골몰해야 하며, 그가 설교하는 바에 대한 스스로의 인격적 경험에도 마음을 쏟아야 한다. 그러나 '아버지' 은유에서 설교자는 가족을 아끼고 돌보는 자로서 자신이 말씀으로 섬길 사람들과의 관계에 마음을 쏟는다.

설교는 설교자와 회중 사이의 인격적 관계 안에서 이루어진다. 설교자는 청중이 관객으로 머물러 있는 무대에서 혼자 고래고래 소리 지르는 배우가 아니다. 또한 왕과 백성 사이의 중개인으로서 저들도 나를 모르고 나도 저들을 모르는 상태에서 용마루에 올라가 왕의 명을 소리치는 사자도 아니다. 설교자는 자녀들의 아버지다. 사랑하는 가족 관계가 설교자와 청중 사이에 존재한다. 그들은 서로에게 소속되어 있다. 그리고 설교 전후와 설교 중에도, 설교자는 이 관계를 의식하고 있으며 또한 그래야 한다. 대부분의 사람들이 설교자에게 초면일 수밖에 없는 공개 전도 설교 혹은 전도 집회에서는 이 관계가 분명하게 드러나지 않을 수 있다. 그러나 고정된 회중을 섬기는 한량없는 특권을 가진 설교자에게 이것은 너무도 분명하다. 이러한 설교자는 그가 또한 목회자임을 결코 잊어서는 안 된다. 필립스 브룩스(Phillips Brooks) 주교가 말했듯, "설교자는 실재하는 사람들에게 설교하는 목회자여야 한다. 목회자는 자기 사역의 위엄을 생생하게 품고 사는 설교자여야 한다. 목회자가 아닌 설교자는 그 마음이 메말라 가고, 설교자가 아닌 목회자는 그 사람됨이 시시해진다."[1] 설교자는 자신의 설교가 상당 부분, 그가 사람들과 누리고 있는 관계의 표현이며 그 관계에 의해 결정되고 있음을 발견하게 될 것이다. 그는 그들의 아버지이고, 그들은 그의 자녀다.

일반적으로 설교자는 가족 안과 밖에 있는 두 개의 구분된 회중을 가지고 있다는 사실로 인해 다소 복잡한 그림 안에 처한다. 사자는 사람을 가리지 않고 공적인 선포를 발하며, 증인은 온 세상 앞에서 재판을 받으시는 예수 그리스도를 위해 증거를 제시한다. 이 은유들은 복음전도 설교를 그리고 있다. 한편 청지기는 식구들을 돌보며, 아버지는 자신의 가정을 돌본다. 그럼에도 불구하고 나는 설교의 대상이 누구든 그것이 내부인이든 외부인이든 혹은 이름뿐인 교인이든, 설교자에게서 아버지의 성품이 나타나야 한다고 믿는다.

아버지의 숨겨진 권위

그렇다면 어떤 의미에서 설교자가 '아버지'로 불릴 수 있는가? 이 단어가 로마가톨릭 사제들과 밀접하게 연관되어 있기 때문에, 우리가 이 개념에 마음을 열려면 우리를 둘러싸고 있는 완고한 프로테스탄트적 편견을 벗어 버려야 할지 모른다! 신약에서 '아버지' 비유의 세 가지 용례를 발견할 수 있는데, 그중 둘은 타당하지만 나머지 하나는 부당하다는 점에서, 이 개념은 성경 해석상 신중함이 필요한 흥미로운 예가 된다. 먼저 부당한 용례를 살펴보면 예수님이 제자들에게 하신, 우리에게 익숙한 말씀이다. "땅에 있는 자를 아버지라 하지 말라. 너희의 아버지는 한 분이시니 곧 하늘에 계신 이시니라"(마 23:9). 이 문맥에서 예수님은 바리새인의 교만과 위선에 대해 제자들에게 경고하고 계셨다. 그들은 자리에 목말라했고, "잔치의 윗자리와 회당의 높은 자리와 시장에서 문안받는 것과 사람에게 랍비라 칭함을 받는 것"을 좋아했다(마 23:6, 7). 바리새인들은 존경받는 직함을 갖는 것을 좋아했다. 그것이 그들의 즐거움이었다. 이는 그들에게 다른 사람 위에 섰다는 우월감의 원천이었다. 이들 바리새인들과는 대조적으로, 예수님은 제자들이 취하지도 받지도 말아야 할 세 가지 호칭에 대해 말씀하셨는데 '랍비'(선생), '아버지' 그리고 '지도자'(master, 혹은 주인-역주)였다. 지금 우리가 우선적으로 관심을 갖는 이름은 '아버지'다. 이렇게 말씀하신 예수님의 진의는 무엇이었을까?

아버지는 자녀들이 그에게 의존한다는 이유로 자녀들에게 권위를 행사한다. 예수님이 말씀하신 바는 우리가 교회 안에서 어떤 교우를 향해 자녀가 아버지에게 가지는 의존적 태도를 취해서는 안 되며, 다른 이들이 우리에게 영적으로 의존적이거나 의존할 것을 요구해서도 안 된다는 의미였다고 나는 해석한다. 예수님의 의도가 진정으로 여기에 있었다는 것이 예수님이 내놓으신 이유에서 분명하게 확인된다. 즉 "너희 아버지는 한 분이시니 곧 하늘에 계신 이시니라"라고 말씀하셨다. 영적 의존은 오직 하늘에 계신 우리 아버지 하나님을 향해야 한다. 아버지 하나님은 물리적이면서 영적인 우리의 창조주시며, 우리는 피조물로서 그의 은혜에 전적으로 의존되어 있다. 이에 우리는 결코 우리의 동료 피조물들에 의지하지 않으며 그리해서도 안 된다. 설교자로서 우리의 소망은 (바울과 같이) "각 사람을 그리스도 안에서 완전한 자로 세우"는 것이다(골 1:28). 우리는 회중 각자가 그리스도 안에서 영적으로 성숙한 독립적인 어른이 되어서 하나님이 "모든 신령한 복을 우리에게 주시"는 것이 "그리스도 안에서"임을 깨달아(엡 1:3) 그들의 모든 필요의 공급에 관해 오직 그분을 의존하게 되기를 고대한다. 우리는 교인들을 아이가 엄마의 앞치마 자락을 붙들고 졸졸 따라다니듯 우리 주변을 맴돌게 할 생각 따위는 추호도 없다. 각 교회마다 조금 약하고 어려서 사역자 주변을 뱅글뱅글 맴돌며 끊임없이 영적인 문제에 대해 면담하고 상담해 줄 것을 조르는 영혼들이 있다. 이에 대해서는 거절해야 하며, 그것도 매우 엄하게 거절해야 한다. 우리는 온화하면서 엄하게, 하나님의 목적은 그의 자녀들이 사람이 아니라 그들의 진정한 아버지(Father) 되신 그분을 바라보는 것임을 분명하게 가르쳐야 한다. 생각건대, 그리스도가 다른 두 호칭을 금하신 이유도 필시 근본적으로 동일한 이유에서였을 것이다. 우리는 권위 있는 선생(Teacher)의 이름을 사칭하면서 '랍비'라 불리지 말아야 한다. 또한 저들의 노예적인 순종을 기대할 요량으로 '지도자'라는 이름을 취하지 말아야 할 것이다. 우리가 저들의 종이지, 저들이 우리의 종이 아니다(마 23:11).

우리 주님이 이러한 것들을 그리스도 교회에서 범주적으로 금하신 주된 이유는, 그러한 행위 안에서 하나님에 대한 모욕을 보았기 때문이다. 하나님은 우리의 아버지시며(마 23:9), 그리스도는 우리의 주님(Master)이시며(마 23:10), (비록 본문에서 명시적으로 진술되지는 않았지만) 성령은 우리의 선생님이시다. 따라서 우리가 자신을 사람들의 아버지, 주, 그리고 선생으로 치켜세우는 것은 영원한 삼위일체 하나님의 영광을 탈취하는 격이며, 오직 하나님에게만 속한 권위에 대한 사칭이다. 우리 주님이 이 부분에 완강하신 두 번째 이유는 "너희는 다 형제니라"라는 말씀에서 드러난다(마 23:8). 그리스도 교회 안에서 직무와 직분의 차이가 있음은 분명하지만, 이것이 모든 그리스도인들의 근본적인 동등성에 영향을 주지는 않는다. 만일 두 사람이 형제라면, 그중 한 그리스도인이 다른 동료 그리스도인에게 아버지의 권위를 행사하면서 자녀로서의 복종을 요구한다는 것은 참으로 우스꽝스러운 일이다. 바리새인들은 평범한 사람들이 그들 앞에서 고개를 조아려 엎드리는 것을 좋아했다. 기독교 사역자들은 이런 일을 결코 행해서는 안 된다.

아버지의 관계성과 애정

우리에게 금지된 것은 의존적인 자녀들 위에 올라선 아버지의 **권위**다. 그러나 '아버지' 은유는 신약에서 두 가지 다른 방식으로도 사용되는데, 둘 다 설교자에게 허용되는 것들이다. 이는 모두 고린도전서 4장 말미에 등장하는데, 14절부터 인용하도록 하겠다.

내가 너희를 부끄럽게 하려고 이것을 쓰는 것이 아니라 오직 너희를 내 사랑하는 자녀같이 권하려 하는 것이라. 그리스도 안에서 일만 스승이 있으되 아버지는 많지 아니하니 그리스도 예수 안에서 복음으로써 내가 너희를 낳았음이라. 그러므로 내가 너희에게 권하노니 너희는 나를 본받는 자가 되라. 이로 말미암아 내가 주 안에서 내 사랑하고 신실한 아들 디모데를 너희에게 보내었으니 그가 너희로 하여금 그리스도 예수 안에서 나의 행사 곧 내가 각처 각 교회에서 가르치는 것을 생각나게 하리라.…너희가 무엇을 원하느냐? 내가 매를 가지고 너희에게 나아가랴, 사랑과 온유한 마음으로 나아가랴?

'아버지-자녀' 은유의 첫 번째 합당한 용법은, 한 사람이 다른 이의 회심의 방편이 되는 경우다. 바울은 갈라디아 교인들에게 주저 없이 이렇게 썼다. "나의 자녀들아, 너희 속에 그리스도의 형상을 이루기까지 다시 너희를 위하여 해산하는 수고를 하노니!"(갈 4:19). 여기서 이 은유는 다소 혼동을 초래한다. 사람들은 이미 '자녀들'이지만, 그들의 영적인 생명이 위기에 처하자 바울은 그들을 위해 다시 해산의 고통을 겪어야 할 것으로 여긴다. 이 은유에서 바울은 사람들의 어머니다. 1차 선교 여행 중 그 도시를 방문했을 때 바울은 그들을 낳았다. 마찬가지로, 그는 고린도 교인들을 향해서도 '복음으로써' 그들을 '낳았다'고 말하는데(고전 4:15),[2] 틀림없이 2차 선교여행 시의 고린도 방문을 지칭하고 있다. 사도는 자신이 그리스도에게 인도한 개인들에게도 동일한 관계성을 이야기한다. 도망간 노예 오네시모는 바울이 로마 감옥에 있는 동안 그의 사역을 통해 회심한 것이 분명해 보인다. 사도는 빌레몬에게 이렇게 편지한다. "갇힌 중에서 낳은 아들 오네시모를 위하여 네게 간구하노라"(몬 1:10). 디모데와 디도 역시 자신의 자녀로 칭하는 것으로 보아, 그들이 그리스도인이 된 것 역시 그를 통해서였던 것으로 보인다.[3]

'아버지-자녀' 은유의 두 번째 합당한 용법은, 친밀한 애정의 관계성을 전달하는 것이다. 고린도전서 4장이 이 경우에 해당하고, 또한 내가 설교자의 마땅한 모습을 묘사함에 있어 이 은유를 사용할 때 의도하는 바가 바로 이 용법이다. 고린도인들은 사도의 "사랑하는 자녀"였다(14절). 모든 설교자가 그가 섬기는 회중을 이와 같은 방식으로 생각해야 한다. 자신이 의미한 바를 더욱 명확히 하기 위해, 바울은 '스승'과 '아비' 사이에 선을 그어 구별한다. 15절에서 미국 개정표준역이 '안내인'(guide)으로, 흠정역이 '교사'(instructor)로 번역하는 단어는 '파이다고구스'(paidagōgous)다. 이 '파이다고고스'(paidagōgos)는 아이의 어릴 적 가정 교사였다.[4] 일반적인 경우 그는 노예였지만, 맡겨진 아이의 행동거지는 물론, 의복과 음식, 말과 태도까지 지도하였다. 그는 아이의 교사라기보다는(가르침의 일은 거의 수행하지 않았기 때문에) 훈련 교관이었다. 고대 그림에서 그는 통상 손에 채찍을 들고 있는데 이는 그가 육체적인 형벌도 가할 수 있었음을 보여 준다. 바로 이런 연유로 사도는 21절에서 "내가 매를 가지고 너희에게 나아가랴?" 혹은 J. W. C. 완드(Wand) 주교가 풀이하듯, "큰 몽둥이를 가지고 나아가랴?"라고 쓴 것이다.[5] 내용인즉슨, 고린도인들은 바울이 그들의 '파이다고고스'가 되어 그들을 엄히 다스리고 꾸짖기를 원했단 말인가? 물론 그렇지 않다! 바울은 "그리스도 안에서 일만 스승이 있으되 아버지는 많지 아니하니"(고전 4:15)라고 말한다. 다른 말로, 그들을 훈육할 준비가 된 사람들은 줄을 섰지만 그들을 아버지의 사랑으로 사랑할 사람은 많지 않다는 뜻이다. 바울은 후자를 행했으며 여전히 그렇게 하기를 원했다.

물론, 이 단락은 아버지도 때로는 '파이다고고스'의 역할을 수행해야 함을 시사한다. "그 사랑하시는 자를 징계하시고 그가 받아들이시는 아들마다 채찍질하심이라"는 모든 아버지들에게 해당한다(히 12:6; 잠 3:12). 그리고 사역자는 훈육할 수 있는 모종의 권위를 부여받는다. 이 권위는 겸손과 대립하지 않는 것처럼 자비와도 대립하지 않는다. 이 태도들의 절묘한 조화가 데살로니가전서 2장에 재미있게 묘사되어 있는데, 여기서 바울은 그의 사도적 권위에 관해 자신의 말은 '사람의 말'이 아니라 '하나님의 말씀'이라고 주장한다. 또 다른 구절은 독자들을 향한 그의 태도를 다음과 같이 묘사한다. "너희도 아는 바와 같이 우리가 너희 각 사람에게 아버지가 자기 자녀에게 하듯 권면하고 위로하고 경계하노니 이는…하나님께 합당히 행하게 하려 함이라"(살전 2:11, 12).

사랑은 사도가 그의 사역을 예시하기 위해 아버지 은유를 사용할 때 아버지의 주된 성품으로 지목하는 부성(父性)이다. 유약하고 병약한 감상이 아니라, 훈육을 배제하지 않고 돌봄을 지향하는 강하고 이타적인 사랑이다. 사랑은 최고의 기독교적 덕목이다. 은혜와 믿음의 위대한 사도인 바울은 사랑이 성령의 첫 열매라고 편지한다(갈 5:22). 정통 신학의 투사로서 그는 '지식은 교만하게' 하지만 '사랑은 덕을 세운다'는 점에서 사랑이 지식보다 위에 있다고 선언한다(고전 8:1-13). 그리고 저 아름다운 고린도전서 13장의 사랑 노래에서, 그는 설교자에게 있어 사랑의 불가결한 필요성에 대해 재론 자체를 막아 버린다. "내가 사람의 방언과 천사의 말을 할지라도 사랑이 없으면 소리 나는 구리와 울리는 꽹과리가 되고 내가 예언하는 능력이 있어 모든 비밀과 모든 지식을 알고 또 산을 옮길 만한 모든 믿음이 있을지라도 사랑이 없으면 내가 아무것도 아니요"(고전 13:1, 2). 그의 요점을 이보다 더 강조할 수는 없었을 것이다. 사랑 없는 설교자는 불협화음의 시끄러움에 지나지 않을 뿐만 아니라, 사실은 그보다 더 악하고 더 못하다. 그는 '아무것도 아니다.'

사도가 '아버지' 은유를 사용할 때 그가 생각한 것은 아버지의 권위가 아니라 오히려 아버지의 애정이었음을 살펴보았으니, 이제 어떤 식으로 이 사랑이 표현되기를 기대해야 하고 특히, 설교 사역에서 어떻게 표현되어야 하는지를 물어야 할 시점에 왔다. 나는 여섯 가지 제안을 하려고 한다.

아버지의 이해심

우선, **아버지의 사랑은 회중에게 다가가는 우리가 이해심을 갖게 해준다.** 우리가 설교하는 회중은 지적, 도덕적, 인격적, 그리고 가정적인 많은 문제들을 가지고 있다. 피터 마샬은 게티스버그 신학교에서 이렇게 조언했다. "여러분의 설교를 현실에 뿌리박아야 합니다. 여러분 앞에 선 사람들이 믿음을 갉아먹는 의심과 두려움, 그리고 근심들을 포함한 많은 문제를 안고 있음을 기억해야 합니다. 여러분과 저의 문제는 회중석의 열과 열 너머 저 가로막 뒤에 갇혀 산다는 데 있습니다."[6] 참으로 정곡을 찌른 말이다. 우리의 설교는 너무도 학적이고 이론적이어서, 일상의 삶이라는 현실로 끌어내려야 할 필요가 있다. 하나님의 말씀 가운데 한 단락을 아무리 정확하게 강해한다 해도, 그것을 사람들의 실재적인 필요와 연결 짓지 못한다면 결코 충분하지 않다. 설교의 매혹이 여기 있으니, 하나님의 말씀을 사람의 필요에 적용하는 것이다. 설교자는 하나님과 친밀한 만큼 그가 살고 있는 세상 사람들과도 익숙해야 한다.

그런데 문제는 우리가 섬기는 사람들을 당혹케 하고 짓누르는 그 문제들을 우리가 어떻게 알아내 이해할 수 있는가 하는 것이다. 간단히 대답하면, 사랑으로다. 아버지는 자라나는 자녀들을 이해하려 애쓴다. 자녀를 아끼는 마음은 그로 하여금 전력을 다해 자녀들의 희망과 두려움, 그들의 약함과 어려움 안으로 들어가도록 인도한다. 설교자도 마찬가지여서, 자기 사람들을 아버지의 사랑으로 사랑한다면 그들의 문제가 무엇인지 발견하기 위해 시간과 수고를 투자할 것이다. 사역자는 보통 안전지대에서 살아간다. 그는 가정생활에 대해서는 조금 알지만, 직장생활의 경험은 일천하다. 도덕적 결단, 압력, 경쟁, 동료들과의 관계, 긴장, 매일의 출퇴근 등은 보통 직장인들에게는 일상인 것이지만, 그로서는 심각하게 경험해 본 적이 없다. 회중도 이 사실에 대해 어느 정도는 알고 있어서 사역자가 자기들의 어려움을 도무지 이해하지 못한다고 단정하고 있을 것이다. 그는 기독교적 삶과 기독교적 증거에 대해 유창하게 말한다. 그런데 한 번이라도 다른 그리스도인과 아무런 교제 없이 외톨이 그리스도인으로 사무실이나 가게 혹은 공장에 홀로 선 적이 있었을까? 상상의 나래를 펼쳐 우리가 섬기는 사람들이 처한 상황 속으로 들어가 보는 것, 그리하여 그들의 고뇌와 책임감, 그리고 당혹감을 나의 것으로 받아들이는 것, 그리하여 격리된 상아탑 속에 갇힌 삶을 거부할 것인가, 아니면 그들에게 상아탑 속에 고립되어 있다는 인상을 줄 것인가가 실로 엄청나게 중요한 문제다. 설교자와 회중 사이의 이러한 괴리감은 선포는 물론이요 메시지를 받아들이는 데도 지극히 해롭다. 말하는 자와 듣는 이가 다른 주파수에 맞춰져 있는 격이다.

어떻게 하면 둘 사이에 두절된 통신을 **회복**할 수 있을까? 한 가지 길은, 책과 잡지 그리고 신문을 읽는 것이다. 인간의 성품에 관한 우리의 일반적인 지식을 깊게 해주는 것들뿐 아니라, 구체적으로 사람들이 어떻게 살고 어떻게 생각하는지를 알게 해주는 것들을 읽어야 한다. 그리고 사람들이 우리에게 말하도록 해야 한다. 설교자와 사람들 사이에 패인 넓고 깊은 틈을 연결하는 데는 그들의 집이나 우리 집에서 서로 만나는 것보다 더 빠른 방법은 없다. 효과적인 설교자는 항상 부지런한 목회자다. 매주 사람들을 방문하고 면담할 시간을 할애할 수 있을 때에야 비로소 설교할 때 청중과의 **공명**이 가능할 것이다. 연구 기간인 주중에 설교자가 청중의 말을 더 많이 들을수록, 주일날 설교단에서 그들에게 더 잘 말할 수 있을 것이다.

사랑은 설교자로 하여금 더 깊은 이해를 가지고 그들에게 나아가도록 돕는다. 이는 단지 사람들과 그들의 문제를 잘 알기 위해 힘쓰기 때문만이 아니라, 그들을 알게 될 때 그들의 귀함을 더 깊이 알 수 있기 때문이다. 사랑은 기이한 직관 능력을 지니고 있다. 우리 주 예수님은 그것을 완전에 이르도록 소유하셨다. 그분이 사람들의 생각을 아셨다고 반복 또 반복해서 기록된다. 요한은 이렇게 쓴다. "또 사람에 대하여 누구의 증언도 받으실 필요가 없었으니 이는 그가 친히 사람의 속에 있는 것을 아셨음이니라"(요 2:25). 사람들은 본능적으로 그가 자기를 이해했다고 느꼈다. 그는 위대한 '카르디오그노스테스'(kardiognōstēs, 행 1:24), 즉 마음을 아는 이로서 "사람의 뜻과 마음을 살피는"(계 2:23) 분이다. 우리도 그분과 같이 되어 그렇게 행할 수 있는 통찰을 그분에게서 배워야 한다. 사랑, 이해하고 돕고자 열망하는 이 이타적인 돌봄이야말로 의사소통의 가장 위대한 비밀 중 하나다. 설교자가 자기 사람들을 사랑할 때 비로소 그들은 '그가 우리를 이해한다'고 말할 것이다.

아버지의 온유함

둘째, **아버지의 사랑은 우리의 태도를 온유하게 만든다.** 우리 중 상당수는 본성적으로 무뚝뚝하고 뻣뻣한 손을 가지고 있다. 기질로 보면 우리는 유순하지도 않고 세심하지도 않다. 그러나 진정한 아버지는 타고난 성품이 어떠하든지, 설사 아무리 엄한 훈육관이라 하더라도 자기 자녀들에게만큼은 다소간의 부드러운 마음을 보여 준다. 그의 사랑이 그를 온유하게 만든다. 이것이 바로 주 예수님의 주된 성품이었다. 그분은 "나는 마음이 온유하고 겸손하니"라고 말씀하시지 않았던가?(마 11:29) 그리고 바울 또한 "그리스도의 온유와 관용"을 말하지 않았던가?(고후 10:1) 이 부분에서도 "제자가 그 선생보다, 또는 종이 그 상전보다 높지 못하나니" 진실로 "제자가 그 선생 같고 종이 그 상전 같으면 족하도다"(마 10:24, 25). 그래서 바울은 고린도인들에게 "사랑과 온유한 마음(혹은 영-역주)"으로 나아가고자 하는 소망을 피력했는데(고전 4:21), 이는 성령의 열매의 한 부분을 차지하는 바로 그 '온유함'이다(갈 5:23). 이 모두에서 '온유함'은 동일한 단어 '프라우테스'(praütēs)다.

온유함이 그리스도의 성품인 것과 마찬가지로 모든 그리스도인의 특징이어야 한다면, 누구보다 이 성품이 어울리고 필요한 사람은 설교자와 교사다. 선한 목자는 "젖먹이는 암컷들을 온순히 인도"할 것이다(사 40:11). 진실로 그는 종종 양을 돌보는 목자보다는 아기를 돌보는 유모처럼 보일 만큼 유순할 필요가 있다. 바울은 데살로니가인들에게 "우리는…너희 가운데서 유순한 자가 되어 유모가 자기 자녀를 기름과 같이 하였으니"(살전 2:7)라고 편지했다. 이 온유함이 얼마나 우리에게 절실한가! 아이들은 천천히 자란다. 아직 갓난아기인 아이들에게 어른의 지혜와 단정함을 기대하는 것은 참으로 어리석은 일이다. 우리는 아이들에게 인내해야 한다. 때때로 그들의 이해력은 참으로 둔해서 예수님이 열두 제자에게 느끼셨던 것처럼 우리 안에 화가 치밀어오를 것이다. 그러나 그때에도 인내해야 한다. 이성을 잃거나 흥분하지 말고, 좌절한 나머지 포기하지 말아야 한다. 경성하여 사람들의 영혼을 지키도록 부름받았으니(히 13:17) 절대 경계를 풀어서는 안 된다. 또한 교회 내 당파나 거짓된 가르침이 활개 쳐 낙심될 때는, 우리에게 주신 이 지침을 기억해야 한다. "주의 종은 마땅히 다투지 아니하고 모든 사람에 대하여 온유하며 가르치기를 잘하며 참으며 거역하는 자를 온유함으로 훈계할지니"(딤후 2:24, 25).

그리고 여기 또 한 가지 기억해야 할 사실이 있다. 사역자가 화난 모습을 보는 것은 비극이다. 여러 해 동안 낙심하고 좌절하여 보이는 결과가 거의 없고 그를 북돋우는 격려의 소리도 들을 수 없을 때 사역자는 때로 분노하게 된다. 그때 그의 입에서는 잔인한 빈정거림이 튀어나온다. 그러나 그런 빈정거림은 사랑과는 결코 어울리지 않을 때, 자기 연민과 자만의 비뚤어진 발로일 뿐이다. 우리가 생각하기에 마땅히 우리에게 주어져야 할 존경과 명예와 인정이 주어지지 않을 때, 우리는 빈정거림으로 복수한다. 이것은 자기 사랑의 확실한 표지인데, 왜냐하면 우리가 자신보다 다른 사람을 더 사랑한다면 그들을 볼모삼아 우리의 쓰라린 마음을 표출하지 않을 것이기 때문이다. 우리를 친절하도록 지켜주는 것은 사랑이다. 바울은 고린도인의 저 거만한 자만심에 대해 격한 말을 쏟아야 했음을 인정하면서도, 그렇게 하는 목적이 그들에게 수치를 주고자 함이 아니라 더 나은 마음을 가지도록 하기 위함이라고 덧붙인다. "내가 너희를 부끄럽게 하려고 이것을 쓰는 것이 아니라 오직 너희를 내 사랑하는 자녀같이 권하려 하는 것이라"(고전 4:14). 참된 부모는 그의 자녀를 내팽개치거나 사람들 앞에서 창피스럽게 만들지 않을 것이다. 그렇게 하기에 그는 자녀들을 너무나도 사랑한다. 자녀들에게 필요한 것은 때로 훈계보다 격려이며, 잘못된 행동을 나무라는 만큼 잘한 행동도 칭찬해 주어야 한다. 아버지는 자녀를 '노엽게' 해서는 안 되는데, 이는 '낙심할까' 염려하기 때문이다(골 3:21; 참고. 엡 6:4). J. H. 조윗(Jowett) 박사는 이렇게 썼다.

나는 최근 수년간 이것이 많은 전기에서 후렴구처럼 반복되는 것에 큰 감명을 받았다. 파커(Parker) 박사는 "상한 마음을 향해 설교하라!"고 반복 또 반복했다. 그리고 여기 이안 맥클라렌(Ian Maclaren)의 증언이 있다. "설교의 주된 목적은 위로다." 한때 우리 교회에 오던 한 탁월한 학자가 한 말을 나는 잊을 수가 없다. "당신이 설교단에서 행하는 최고의 일은 사람들에게 한 주간을 살아갈 용기를 심어 준 일이었습니다!" 거의 피를 토하는 듯한 데일(Dale) 박사의 말을 여기 인용하겠다. "사람들은 위로받기를 원합니다.…그들에겐 위로가 필요합니다. 단지 위로받고 싶어하는 게 아니라, 그들에겐 정말로 절실하게 그것이 필요합니다."[7]

아버지의 단순함

셋째, **아버지의 사랑은 우리의 가르침을 단순하게 만든다**. 아버지가 아이에게 알파벳을 한 자 한 자 읽어 주는 그 우직한 단순함을 생각해 보라! 아버지는 아이의 수준으로 자신을 낮춘다. 아버지는 자신의 지적인 성취와 학식, 수상 경력과 박사 학위 따위는 잊어버린 채 오직 아이를 위해 기꺼이 배움의 초보로 돌아간다. 사람들에게 참된 '아버지'가 되고자 한다면 우리도 그리해야 한다. 그들을 사랑한다면, 우리의 목표는 학식을 그들에게 뽐내는 것이 아니라 그들이 배울 수 있도록 돕는 것이어야 한다. 그들이 아직 어린아이라면 우리는 그들에게 우유를 먹여야 한다. 리버풀의 주교였던 J. C. 라일(Ryle)은 18세기 영국의 복음전도 부흥의 비결 중 하나는 지도자들이 단순하게 설교한 것이었다고 단언했다. 그는 이렇게 썼다. "이 목적을 위해 그들은 자신의 스타일을 십자가에 못박고 그들의 학식에 대한 평판을 희생제사 지내기를 부끄러워하지 않았다.…그들은 아우구스티누스의 격언을 실천했다. '나무 열쇠는 황금 열쇠만큼 아름답지는 않지만, 황금 열쇠가 열 수 없는 문을 열 수만 있다면 훨씬 더 쓸모 있다.'"[8] 이 진리를 더 강조하기 위해 라일 주교는 몇몇 다른 기독교 지도자들의 말을 인용한다. "누군가에게 유치하고 천박해 보이는 식으로 설교하기를 주저하는 사람이라면 그는 결코 사람들에게 좋은 설교자가 될 수 없다." 루터의 말이다.[9] 그리고 17세기 아르마의 대주교 제임스 어셔(James Ussher)는 "쉬운 것을 어렵게 만드는 것은 누구나 하는 일이지만, 어려운 것을 쉽게 만드는 것은 위대한 설교자의 일이다"라고 말했다.[10] 존 웨슬리는 한 설교집 서문에 이렇게 쓴다. "나는 평범한 사람들을 위한 평범한 진리를 디자인한다.…나는 쉽게 이해되지 않는 모든 말을 피하려고 애쓴다."[11] 그리고 윌리엄 그림셔(William Grimshaw)는 의도적으로 하우워스의 시골 교회에서 그가 '시장 언어'라고 부르던 말로 설교했다.[12]

우리 시대에도, 빌리 그레이엄 목사가 사역자들의 문제는 "우리가 서로에게 설교하려 든다는 것이다!"라고 바르게 지적하는 것을 여러 차례 들었다. 우리가 종종 얼마나 우둔한지 우리 자신은 거의 눈치채지 못한다. 내과 전문의 R. W. 럭스턴 박사는 1957년 브리티시 메디컬 저널에 기고한 글에서 이렇게 썼다. "설교단에 선 자에게는 너무도 익숙한 것이 회중석에 앉은 자에게는 얼마나 횡설수설로 들릴까? 나는 정신병원 예배실에서 한 환자의 이야기를 들은 적이 있는데, 그 환자는 원목의 설교를 한참 들은 후에 '저, 하나님의 은혜를 위해 난 가 봐야겠소!'라고 말했다고 한다." 그레이엄 목사의 설교가 보여 준 단순성과 직접성은 우리 모두를 위한 모델이다. 켄터베리 대주교를 지낸 저프리 피셔(Geoffrey Fisher) 박사 역시 1954년 6월판 켄

터베리 교구록에서 대 런던 전도운동(Great London Crusade)에 관해 다음과 같이 기술한다. "교회들은…사람들이 기독교의 알파벳과 한 음절짜리 단어도 배우기 전에 교회생활과 교리에 관한 전체 문장을 이해하기를 기대한다. 이것은 지적인 교사들이 으레 저지르는 실책이다. 그레이엄 목사는 우리 모두에게 복음전도의 맨 처음부터 다시 시작하여 성령의 능력으로 죄와 의 그리고 심판에 대해 말하라고 가르쳐 주었다."[13]

설교의 단순성은 주제 선정에서부터 적용될 것이다. 우리는 주어진 대부분의 시간을 복음의 중심 주제들을 해설하는 데 들여야 할 것이다. 어려운 예언의 문제들과 논쟁적 혹은 사변적 성격의 질문들은 한쪽에 남겨 두어도 별 무리가 없을 것이다. 더불어, 스타일도 주제만큼이나 단순해야 한다. 종속절이 주렁주렁 화려하게 딸린 복잡한 구문은 펜으로 쓰기에는 적합할지 모르나, 설교단에서는 전혀 어울리지 않는다. 구어에서는 쉼표가 아니라 잠깐의 침묵이 통한다. 딱딱 끊어지는 스타카토 스타일이 최고다. 라일 주교는 "마치 당신이 천식 환자인 양 설교하라"고 조언했다. 단순한 주제와 단순한 스타일에 단순한 단어를 더하라. 마치 사전을 통째로 삼킨 듯 말하면 요점이 없어진다. 풍성한 어휘를 동원하면서도 (케케묵은 상투어를 피해야 하기 때문에) 난해하지 않을 수 있다. 그리고 어려운 전문 용어는 피해야 한다. 물론 회중도 '칭의'와 '속죄' 같은 중요한 단어들의 의미를 배워서 알아야 하지만, 처음에는 '은혜'와 '믿음,' '소망'과

'사랑' 같이 성경이 사용하는 가장 간단한 단어의 의미부터 차근차근 설명해 주어야 한다. 현명한 사람이라면 그 무엇도 당연한 것으로 간주하지 않을 것이다. 최소한 이 시대에는, 실상을 알고 나면 대다수 평신도의 무지 앞에 놀라 까무러칠 것이라고 나는 믿는다. "더 타임즈"(*The Times*)는 1957년 F. L. 크로스(Cross) 교수의 「옥스포드 기독교회 사전」(*Oxford Dictionary of the Christian Church*) 출판 직후 "지금까지 이토록 많이 교육받은 사람들이 이토록 기독교에 대해 잘 알지 못했던 시대는 없었다"라고 썼다. 설교의 단순성에 대해서는 설교의 문단과 단락 구분, 반복과 예화의 사용 등 할 말이 많지만 나는 여기서 한 가지만 더 지적하는 것으로 만족하려 하는데, 그것은 바로 그림 언어의 사용이다. 우리는 어린아이를 가르치기 위한 시각 자료 사용에 매우 익숙해져 있다. 이런 측면에서 보자면 모든 연령대의 사람들은 사실상 어린아이다. 우리는 귀보다 눈을 통해 훨씬 더 잘 배우고 기억한다. 그러나 우리가 말하는 바를 그들이 머릿속에 그리게 할 수만 있다면, 어른들을 위해 굳이 시각 자료를 사용할 필요는 없다. 아이들은 생생하고 구체적인 상상력을 가지고 있다. 아이들은 다행스럽게도 자라면서 그 상상력을 송두리째 잃어버리지 않는다. 그러니 사람들의 상상력에 호소하는 것을 두려워하지 말자. 동방의 금언이 말하듯, "말이 유창한 사람은 듣는 이들의 귀를 눈으로 바꾸어, 그가 말하는 것을 그들로 하여금 볼 수 있게 만드는 사람이다."[14] 예수님은 비유뿐 아니라 그의 언어 자체로 이것을 실천하셨다. 우리도 동일하게 말하는 법을 배워야 한다.

아버지의 진지함

넷째, **아버지의 사랑은 호소함에 있어 우리를 진지하게 만든다.** 찰스 시므온이 처음으로 캠브리지에서 설교할 때, 듣고 있던 한 꼬마가 이렇게 소리쳤다. "어, 엄마, 저 아저씨가 열심히 이야기하는 게 대체 뭐야?"[15] 나는 이미 2장에서 사자의 호소가 가진 진지함에 대해 이야기했다. 진지함은 아버지의 특징이기도 하다. 아버지가 그의 자녀들이 어긋난 길로 가기 시작하는 걸 보면서도 냉정하게 무관심할 수 있을까? 아이들이 위험에 처해 있는데도 아무런 경고도 하지 않을 수 있을까? 사랑하는 아버지라면 염려할 수밖에 없다. 아버지는 자녀들을 향한 근심이 이유 없는 것이 아니라면 자녀에게 간청하기를 주저하지 않을 것이다. 바울은 자기 자녀들에게 진정한 아버지였다. 에베소에서 3년 동안 그는 "밤낮 쉬지 않고 눈물로 각 사람을 훈계"했다고 말한다(행 20:31). 우리가 한 영혼의 영적 고뇌로 인해 통곡한 것이 언제였던가? "버밍험의 데일 박사는 처음에는 무디 목사를 별로 달가워하지 않았다. 그러나 처음으로 무디의 설교를 들으러 간 날, 생각이 달라졌다. 그 이후 그는 깊은 존경심을 가지고 무디를 대했으며 그 사람이야말로 진정으로 복음을 설교할 자격이 있다고 생각했다. '왜냐하면 그는 눈에 눈물 없이는 잃어버린 영혼에 대한 이야기를 할 수 없는 사람이었기 때문이다.'"[16]

자녀들에게 위험을 경고하듯, 신실한 설교자는 때로 죄와 심판, 그리고 지옥에 대해 설교할 것이다. 그의 사역은 균형을 이룰 것이다. 그는 힘써 "하나님의 인자하심과 준엄하심"(롬 11:22), 그리고 구원의 위대함과 더불어 심판의 확실성도 알게 할 것이다. 사람들을 위험에 홀로 남겨 두는 것은 결코 사랑의 표지가 아니다. 만일 그들이 그리스도 밖에서 멸망하고 있다면 우리는 반드시 미래의 심판에 대해 엄중히 경고해야 하며, "장래의 노하심에서 우리를 건지시는 예수"(살전 1:10)에게로 피할 것을 진지하게 간청해야 한다. 나는 채드 월쉬(Chad Walsh) 교수가 제안한 설교의 정의를 좋아한다. "설교자의 참된 기능은 평안한 자를 괴롭게 하는 것이며 괴로운 자를 평안하게 하는 것이다."[17] 이 시대에는 우리를 괴롭히는 일이 너무나 많다는 점에서, 앞서 평안의 필요성에 대해 생각했었다. 그러나 마땅히 괴로워해야 할 때에 괴로워하지 않는 이들도 있다. 그들은 자기만족적이고 자기충족적이다. 그들은 하나님이 필요함을 전혀 느끼지 못하며 심판과 영원한 운명에 대해서도 아무런 생각이 없다. 과연 저 우둔한 자의 낙원에 그들을 방치함이 마땅한 일일까? 진정, 모든 합당한 수단을 동원하여 저 위험한 잠에서 그들을 깨우는 것이 우리의 의무다. 물론 우리가 사람을 기쁘게 하는 자로서 자신의 명성을 무엇보다 소중히 생각한다면, 우리는 필시 저 혐오스러운 주제들은 건드리지 않을 것이다. 우리는 평안이 없는 때에 '평안, 평안'을 외쳤던 거짓 선지자들과 같을 것이며, 하나님은 잃어버린 영혼들의 피를 우리 손에서 찾을 것이다(겔 33:1-9을 보라).

그러나 만일 우리가 자신의 이름보다 다른 사람을 더 사랑한다면, 우리는 죄인을 향한 하나님의 은혜와 더불어 죄를 향한 하나님의 진노를 선포할 것이다. 그리고 그것이 사랑에서 우러난 설교라면, 우리는 사랑 안에서 그 메시지를 설교할 것이며 그러한 주제들을 차마 얼음장 같은 가혹함 내지는 무덤덤한 태연함으로 설교하지 못할 것이다. 자녀들이 부모의 사랑을 확신한다면, 그들은 결코 부모의 엄중한 경고에 귀를 막지 않을 것이다. 또한 우리 앞에 선 사람들도 우리의 눈에 맺힌 눈물을 본다면 우리의 말에 귀를 기울일 것이다. 그들은 혼잣말로라도, 사역자에 대해 '그는 우리를 이해한다'를 넘어 '그는 우리를 사랑한다'라고 말할 것이다.

라일 주교는 조지 휫필드(George Whitfield)에 대해 이렇게 썼다. "그들의 영혼을 위해 그토록 많이 우는 자를 그들은 미워할 수 없었다." 그리고 덧붙이기를, "당신을 만족할 만큼 사랑하는 한 사람이 있다면, 당신은 그가 말하는 것은 무엇이든 즐거이 들을 것이다."[18] 그러니 사랑으로 우리의 호소에 진지함을 입히자! 다시 한 번 리처드 백스터의 위대한 저서 「참 목자상」을 인용하겠다.

> 당신이 무엇을 하든지 사람들로 하여금 당신이 진정 진지함으로 하고 있음을 보게 하라.…전력을 다해 설교하는 설교자가 어찌 이리도 드문가. 오호라! 우리는 잠자고 있는 죄인들에게 들리지도 않을 정도로 너무 나른하게 혹은 부드럽게 말한다. 말씀의 펀치가 너무 가벼워 강퍅한 마음들은 느끼지도 못할 정도다.…어떤 사역자들은 탁월한 교리를 손아귀에 잡고 있으면서도 삶에 연관된 생기 있는 적용이 없어 그것이 손 안에서 죽어 간다.…오, 존경하는 목사님들, 얼마나 분명하게, 얼마나 실제적이고 진지하게 우리의 메시지를 전달해야 마땅하겠소. 여기에 사람들이 영원히 사느냐 죽느냐가 걸려 있는 데 말이오.…뭐라고! 하나님과 인간의 구원에 관한 이야기를 그저 무덤덤하게 이야기한다고?…사람의 구원을 위한 설교와 같은 일은 우리의 전력을 다해야 마땅하다. 그들이 우리의 목소리를 들을 때 분명히 느낄 수 있도록 말이다.[19]

아버지의 모범

다섯째, 아버지의 사랑은 우리로 하여금 항상 모범을 보이게 만든다. 엄밀히 이것은 설교학과는 연관이 없는 측면이다. 그렇지만 우리는 설교단을 설교자로부터 고립시키거나 설교자가 말하는 바를 그가 누구냐 하는 문제와 떼어놓을 수 없다. 현명한 부모는 자신의 행동을 살펴서 자기 자녀들이 모든 일에 선한 모범을 지속적으로 볼 수 있도록 수고를 아끼지 않는다. 그는 성경이 누누이 강조하는, 선이든 악이든 모범이 가진 무시무시한 영향력을 잘 알고 있다. 그는 "실족하게 하는 일"에 관한 예수님의 엄한 말씀, "작은 자 중 하나를 실족하게" 하여 죄에 빠지게 하느니 "차라리 연자 맷돌이 그 목에 달려서 깊은 바다에 빠뜨려지는 것이 나으니라"라고 하신 그 말씀을 잘 기억하고 있다(마 18:6, 7). 나쁜 모범이 타락시킨다면, 좋은 모범은 세워 주고 영감을 줄 수 있다. 바울은 이것을 잘 알았다. 스스로 고린도인들의 아버지로 선언한 후, 그는 이렇게 말한다. "그러므로 내가 너희에게 권하노니 너희는 나를 본받는 자가 되라"(고전 4:16). 사람들에게 당신의 모범을 따르라고 초대하는 것은 좋은 의미에서 고도의 자신감이 요구되지만, 바울은 서신서에서 여러 차례 그렇게 했다. 설교자로서 이렇게 하기에는 다들 너무 겸손할 테지만, 설교자가 그렇게 하든 하지 않든 회중은 **분명히** 어느 정도 그를 본받을 것이다. 설교자는 청중 가운데 많은 사람에게 기독교 신앙의 유일한 공식적 대표자다. 그들은 설교자의 설교를 들음으로써 그리고 그의 삶을 봄으로써 모종의 지도를 받을 수밖에 없다. 설교자에게는 방심의 순간이라는 사치를 누릴 권리가 없다. 주님과 같이 그는 매순간 사람들의 시선을 받고 있다. 집에서 율법을 지키는 것보다는 설교단에서 율법을 선포하는 것이 훨씬 쉽다. 우리는 길을 가르쳐 주는 것이 몸소 데리고 안내하는 것보다 훨씬 간편하다는 것을 잘 안다. 그러나 베드로의 지침은 에누리가 없다. "너희 중에 있는 하나님의 양 무리를 치되…주장하는 자세를 하지 말고 양 무리의 본이 되라"(벧전 5:2, 3). 우리 앞에 갈림길이 놓여 있다. 독단적이고 으스대며 고압적인 '지도자'가 될 것인가, 아니면 겸손히 그 갈 길을 보여 주는 '모범'이 될 것인가. 이 통찰력 있는 금언을 나는 잉게(Inge) 학장이 처음 사용한 것으로 안다. "기독교는 배우는 것이 아니라 사로잡히는 것이다." 그것은 빛나는 모범의 접촉을 통해 퍼져 나가는 하나의 전염병이다. 그것은 단지 교과서에서 배우는 것이 아니다. 하나님이 인간 교육에 동원하시는 가장 강력한 시각 자료는, 언행이 일치되는 그리스도인이다.

따라서 스스로 설교한 것을 어기지 않으려면 우리의 삶이 우리의 선포에 동화되어야 한다. 리처드 백스터는 이 부분에 관해서도 우리에게 좋은 충고를 해주었다. 우리가 모순되는 삶을 살 때 이 사역에 얼마나 큰 걸림돌이 되는지를 그는 이렇게 묘사한다.

> 만일 당신의 행위가 당신의 혀를 거짓말쟁이로 만들어 버린다면! 혹은 당신이 한 시간 혹은 두 시간 동안 당신의 입으로 쌓은 것을 한 주 내내 당신의 손으로 허물어 버린다면!…진심으로 말하는 자는 분명 그가 말한 대로 행할 것이다.…설교와 삶 사이에 이러한 불균형을 초래하는 사역자들의 전형적인 오류는, 바르게 설교하기

위해 애를 쓰면서도 바르게 살기 위해서는 아주 조금 혹은 전혀 연구하지 않는다는 것이다. 두 시간 동안 어떻게 말할 것인지를 준비하는 데는 한 주도 충분하지 않으면서, 한 주를 어떻게 살 것인지를 연구하는 데는 한 시간도 너무 많아 보인다.····실천적인 교리는 실천으로 설교되어야 한다. 우리는 설교를 잘하기 위해 연구하는 만큼, 잘 살기 위해서도 열심히 연구해야 한다.[20]

아버지의 기도

여섯째, 아버지의 사랑은 우리로 하여금 성실하게 기도하도록 만든다. 나는 자신의 가족을 위해 성실하게 기도하지 않는 그리스도인 아버지를 상상할 수 없다. 그렇지만 자녀들을 위해 기도하는 아버지같이 규칙적으로 회중을 위해 기도하는 설교자들은 얼마나 희귀한가! 기도와 설교는 마주 잡은 손처럼 나란히 간다. 내가 의미하는 바는 단지 우리의 설교가 기도로 잉태되고 배양되어야 한다는 것만이 아니다. 혹은 단지 우리가 설교단에 오르기 전에 자신을 위해 기도해야 한다는 것도 아니다. 바로 우리가 설교할 사람들을 위해 기도해야 한다는 것이다. 예수께서 온종일을 설교와 가르침으로 보내신 후 홀로 산으로 가셔서 그가 사역하신 사람들을 위해 기도하셨다는 사실이 결코 우리를 비껴갈 수 없다. 또한 바울이 그의 서신에서 그가 지도한 친구들에게 그들을 위하여, 한 사람도 빠짐없이 그들 모두를 위하여, 그리고 쉬지 않고 기도하고 있음을 누누이 확인시켜 주었던 사실 또한 우리를 비껴갈 수 없다. 균형 잡힌 사역이 여기 있으니, "우리는 오로지 기도하는 일과 말씀 사역에 힘쓰"는 것이다(행 6:4).

기도는 참으로 고되고 드러나지 않는 일이기에, 오직 사랑만이 부지런히 기도하게 만들 것이다. 기도는 참으로 힘든 사역이기 때문에, 우리가 기도의 유익을 그들에게서 차마 앗아 가지 못할 만큼 그들을 너무도 사랑할 때만 기도에 시간을 할애할 수 있을 것이다. 기도는 드러나지 않고 그래서 사람들에게 보상받을 수 없기 때문에, 오직 우리가 그들의 감사보다 그들의 영적인 행복을 더 갈구할 때만 기도할 수 있을 것이다. 바울은 "형제들아, 내 마음에 원하는 바와 하나님께 구하는 바는 이스라엘을 위함이니 곧 그들로 구원을 받게 함이라"(롬 10:1)라고 말할 수 있었다. 이것이 바로 기도의 의미다. 기도는 마음에 원하는 바의 발로다. 중보는 사랑 없이는 불가능하다. 리처드 백스터가 우리를 위해 간략하게 요약해 준다. "기도는 설교와 더불어 우리의 지속적인 사역이 되어야 한다. 사람들을 위해 기도하지 않는 설교자는 진심으로 설교하는 자가 아니다."[21]

우리의 본성으로는 사람들을 향한 이 사랑을 가질 수 없으며, 오직 은혜로 받을 수 있을 뿐이다. 우리의 본성은 이기적이고 게으르며 사람들의 칭찬에 굶주려 있다. 사랑하기를 배울 수 있는 오직 한 길이 있는데, 그것은 바울의 말을 빌리면 "예수 그리스도의 심장으로"(빌 1:8) 사람들을 사모하는 것이다. 만일 사람들을 향한 그의 측량할 수 없고 꺼지지 않는 사랑이 우리를 채울 수 있다면, 비로소 우리가 그의 사랑으로 사람들을 사랑할 수 있다. 그리고 이러한 사랑, 전적으로 이타적이며 심지어 어떤 값을 지불하고서라도 다른 이들에게 유익을 주고자 골몰하는 사랑은, 우리로 하여금 아버지가 그 자녀를 돌보듯 우리의 사람들을 돌보도록 만들 것이다. 이러한 사랑은 우리로 하여금 이해심 있고 온유하며 단순하고 진지하며 언행일치의 모범을 보이며 성실히 기도하게 만들 것이다.

종 5
A Servant

설교자의 능력과 동기

능력의 필요성

하나님의 말씀

그리스도의 십자가

성령

거룩함과 겸손

설교자를 '종'이라 칭할 때 나는 성경 한 구절이 (더불어 그 구절이 속한 전체 문맥까지) 떠오르는데, 바로 고린도전서 3:5이다. "그런즉 아볼로는 무엇이며 바울은 무엇이냐? 그들은 주께서 각각 주신 대로 너희로 하여금 믿게 한 사역자들(종들)이니라."

고린도 교회는 다양한 모양으로 하나님의 생생한 은혜의 증거들을 보여 주고 있었다. 그들 중 어떤 사람들은 이제 "씻음과 거룩함과 의롭다 하심을" 받아(고전 6:11) 죄의 심연으로부터 구원받았으며, 또 어떤 이들은 경이로울 정도로 그리스도 안에서 "모든 언변과 모든 지식에 풍족하므로" 이제는 "모든 은사에 부족함이 없이" 되었다(고전 1:5, 7). 그러나 교회의 내적 삶은 죄와 허물로 심각하게 오염되어 있었으며, 특히 회중은 당파로 찢어져 찬바람이 불고 있었다. "내 형제들아…너희 가운데 분쟁이 있다"라고 바울이 편지해야만 했다. 이는 다름 아니라 "너희가 각각 이르되 나는 바울에게, 나는 아볼로에게, 나는 게바에게, 나는 그리스도에게 속한 자라 한다는 것이니"(고전 1:11, 12). 서신에는 이 나뉨이 교리적인 문제였다거나 그래서 당파별로 서로 다른 신학적 입장을 가지고 있었다는 증거가 나타나지 않는다. 오히려 사도는 고린도인들의 경쟁적인 이른바 위인 숭배를 지적하고 있다. 그리스도인들은 종종 특정한 유명 교회

지도자들에게 과도한 존경심을 표하면서 그 위인들 사이에 불미스러운 비교의 시선을 드리우기도 했다. 이것은 바울에게는 참으로 끔찍한 소식이었다. 그는 고린도인들이 마땅히 그리스도에게 돌려야 할 충성을 한낱 인간들에게 돌리고 있음을 보았다. 놀라움으로 그는 이렇게 묻는다. "바울이 너희를 위하여 십자가에 못박혔"느뇨? 바로 이런 뜻이다. "마치 죽어서 너희의 구원자가 된 것이 **나**이기라도 한 것처럼 **나**에게 의지하느냐?" 덧붙이기를, "바울의 이름으로 너희가 세례를 받았느냐?"(고전 1:13) 다시 말해, "너희의 세례가 나와의 교제로 들어옴을 의미했더냐?" 기독교 회심과 기독교 세례의 중심에는 공히 그리스도가 서 계신다. 회심은 그리스도에 대한 믿음이며, 세례는 그리스도와의 연합을 의미하는 성례다. 어찌 감히 이 고린도인들은 범죄하고 유한한 인간이 그들의 믿음과 세례의 대상인 양 말하고 또 행할 수 있단 말인가? 그리고 어떻게 그들이 바울과 베드로, 그리고 아볼로와 같은 인간 지도자들에게 '속했다'는 의미의 당파 명칭을 버젓이 달 수 있단 말인가? 진실을 말하건대 만일 누군가가 누군가에게 '속했다'라고 말할 수 있다면, 그것은 사역자가 회중에게 속한 것이지, 회중이 사역자에게 속한 것이 아니다. 바울이 이 사실을 지적한다. "누구든지 사람을 자랑하지 말라. 만물이 다 너희 것임이라. 바울이나 아볼로나 게바나…다 너희의 것이요"(고전 1:12; 3:4을 3:21, 22과 비교하라).

1세기 고린도 교회의 삶을 변질시킨 이 부끄러운 위인 숭배는 현대 기독교계에도 여전히 살아 있어서, 지극히 부당하고 어울리지 않는 존경이 오늘날 일부 교회 지도자들에게 돌려진다. 기독교 사역이 명예로운 소명이 아니라는 의미가 아니다. 물론 그것은 매우 명예로운 직책이다. 성경은 우리에게 영적 목자들에게 '순종하고' '복종하고' 그리고 그들을 '존경하라'고 명령하며, "그들의 역사로 말미암아 사랑 안에서 가장 귀히 여기며"라고 말씀하신다(히 13:17; 살전 5:12, 13). 그러나 이 단락이 우리에게 분명하게 말하는 것은, 우리가 그들이 가진 신성한 직분으로 인해 그들을 겸허히 존중해야 한다는 의미이지, 인간적인 의미에서 우리가 그들 앞에서 아양을 떨거나 다른 사람이 우리 앞에 아양을 떨게 만들어야 한다는 의미는 아니다. 하나님께만 합당한 경의를 우리는 결코 교회의 고위 성직자에게 표해서는 안 된다. 설교자들은 특별히 아첨의 위험에 늘 노출되어 있다. 나는 가끔 교회로 오는 몇몇 그리스도인들의 마음 구조 전체가 잘못된 것은 아닌지 두렵기까지 하다. 그들은 **하나님을** 예배하러 혹은 **하나님의 말씀을** 들으러 오지 않는다. 그들은 사람의 말을 들으러 온다. 따라서 그들이 듣는 것은 메시지가 아니라 하나의 웅변이다. 그들은 마치 입으로 음식을 한 순갈 맛보듯이 설교를 감상한다. 설교가 끝난 후에는 설교가 재미있었느니 없었느니 하고 말한다. 그러나 설교는 '재미'를 위한 것이 아니다. 설교의 목적은 듣는 이들에게 **유익**을 주는 것이지, **유희**를 주는 것이 아니다. 설교는 그 형식으로 비판적으로 평가 되어야 할 예술 창작물이 아니다. 설교는 "도구이지, 예술 작품이 아니다." 설교는 결코 그 자체로 목적이 아니며, 목적을 위한 도구일 뿐이다. 그리고 그 목적은 '영혼 구원'이다.[1] 설교에 관해 설교자를 '칭송'하는 회중, 그리고 사람들로부터 그러한 칭송을 은근히 기대하는 설교자는 모두 하나님을 모욕하는 자들이라고 나는 주저 없이 말할 수 있다. 인간은 자신을 설교하라고 부름받지 않고, 오직 구원자요 주님이신 그리스도 예수를 설교하라고 부름받았다(고전 1:23; 고후 4:5). 따라서 중요한 것은 선포되는 그리스도 그분이시지, 그를 선포하는 인간이 아니다. 이와 다르게 생각하거나 행동하는 것은 하나님의 영광을 가로채는 일일 뿐만 아니라 설교자의 사역 전체를 위태롭게 하는 것으로써, 우선은 불신을 살 것이요 결국에는 패망할 것이다.

사도 바울의 눈에는 고린도인들의 행동에서 마치 수정처럼 또렷하게 이 위험과 모욕이 보였다. 그 결과, 이토록 호된 메시지를 써 보낸 것이다. 그는 이것이 그들의 유아기적인 미성숙과 그들이 아직도 육체적 정욕에 사로잡혀 있는 명백한 증거라고 말하였다. 그들의 관점은 하나님의 것이 아니라 인간의 관점이었다(고전 3:1-4). 이제 사도는 좀더 선한 마음가짐으로 그들을 초대한다. 특정 지도자들에게 쏟아붓고 있던 과도하고 오도된 충성은 사역에 대한 그릇된 이해에서 비롯되었다. 기독교 사역에 대한 정상적이고 올바른, 그리고 균형 잡힌 관점을 키우기만 하면, 그들은 이 허탄한 위인 숭배로부터 보호받을 수 있을 것이다. 이런 의미에서 그는 "그런즉 아볼로는 무엇이며 바울은 무엇이냐?"라고 소리친다. 그가 "아볼로가 누구이며, 바울은 누구냐?"라고 묻지 않음에 유념해야 한다. 그는 아예 작심하고 자신과 아볼로를 경멸적으로, 거의 모멸적으로 이야기한다. 그래서 사물을 가리키는 중성 대명사를 사용하고 있는데, 거의 이런 의미다. "대관절 너희들은 우리가 무엇이라고 생각하기에 우리를 그토록 중요하게 생각한단 말이냐?" 이 질문에 대한 대답이 곧바로 주어진다. 우리는 단지 종일 뿐이라고, 예수 그리스도의 종일 뿐이라고 그는 단언한다. 종에게 돌려야 할 영광이 도대체 무엇이겠는가? 우리는 "주께서 각각 주신 대로 너희로 하여금 믿게 한 사역자들(종들)이니라"(고전 3:5). 이렇게 말한 후 바울은 기독교 사역에 대한 정확한 관점을, 이 장을 포함한 그의 서신서 여러 장들에서 더 깊이 논의한다.

성경에 '종'으로 번역된 헬라어 단어가 여러 개 있다. 우선, 1장에서 다룬 가정 혹은 집의 종을 지칭하는 '오이케테스'(*oiketēs*)가 있다. 또 아무런 법적 권리도 없으며 주인에게 개인적 소유물로 예속된 노예를 의미하는 '둘로스'(*doulos*)가 있다. 그리고 다음 장에(4:11) 등장하는 '휘페레테스'(*hupēretēs*)가 있는데, 원래 전선의 밑창에서 노를 젓던 노꾼을 지칭하다가 점차 '부하' 혹은 '하급자'를 의미하게 되었다. 그러나 바울이 여기에서 사용하는 단어는 '디아코노스'(*diakonos*)로서, 신약에서는 일반적인 의미와 더불어 특별한 함의를 지닌 단어다. 특별한 의미로

이 단어는 '집사'를 지칭할 수 있는데, 예를 들어 다음 세 군데에서 그렇게 번역되고 있다(빌 1:1; 딤전 3:8, 10, 12, 13; 롬 16:1). 혹은 좀더 포괄적인 의미로는 임직된 사역자를 지칭했다(고후 3:6; 4:4; 11:23; 엡 3:7; 골 1:23, 25; 딤전 4:6). 그러나 여기서는 이 말이 그러한 의미로 쓰인 것 같지는 않으며, 웨스트코트(Westcott) 주교가 썼듯이, "이 경우에는 '디아코니아'(diakonia)와 '디아코네인'(diakonein)이 배타적인 직함적 의미를 지녔다는 증거가 없다." 이 단어들은 사실 신약성경에서 모든 그리스도인이 부름 받은 일반적 의미의 "봉사의 일"(엡 4:12)을 묘사하는 데 자주 사용된다. 우리는 그리스도의 종이면서(예를 들어, 요 12:26) 동시에 사람들의 종이다(예를 들어, 막 9:35; 10:43). 「그림 데이어 사전」에 의하면, '디아코노스'는 "다른 사람의, 특히 주인의 명령을 수행하는 사람, 종, 보조자, 사역자"를 지칭한다. 이 단어에는 두 가지 요소가 담겨 있는 듯한데, 우선 개인적 섬김이며, 둘째는 다른 사람의 명령에 의해 부과된 섬김이다. 개인적 섬김의 요소가 분명하게 드러나는 경우로는, 주님을 '섬기던' 마르다, 소위 말하는 '섬기는 여인들,' 열병에서 나음을 입은 후 섬겼던 베드로의 장모(눅 10:40; 요 12:2; 눅 8:3; 막 15:41; 눅 4:39), 그리고 바울에게 실제적인 도움을 주었던 오네시모와 오네시보로, 빈궁한 유대 그리스도인들을 위해 헌금을 모았던 바울의 섬김 등이 있다(몬 13; 딤후 1:16-18; 롬 15:25; 참고. 10:23, 25). 디아코니아가 통상 다른 누군가의 명령이나 권위에 의해 부과되었다는 사실이, '디아코노스'가 왕의 수행원들이나 가나 혼인 잔치에서 음식과 술시중을 들던 사람들, 그리고 심지어 '하나님의 사자'의 역할을 수행하는 관원들을 지칭하는 데 사용되었다는 점에서 시사된다(마 22:13; 요 2:5, 9; 롬 13:4). 이중 그 어떤 경우에도 '디아코노스'는 자신의 사적인 역량이나 자격으로 일하지 않으며, 더 높은 권위에 있는 사람의 대리자로서 위에서 내려오는 명령과 지시를 수행한다. 그는 자기 주인의 이름으로 일하며, 따라서 사실상 그의 주인이 그를 통해 일한다.

이것이 바로 사도가 이 단어를 사용할 때 염두에 둔 강조점인 것으로 보인다. 사도는, '우리 종들을 통해 너희가 믿게 되었다,' 다시 말해, 우리 주님이 너희 안에 믿음을 일으키기 위해 우리를 통해 일하신 것이라고 말하였다. '통해'는 고린도전서 앞 장들의 문맥에서 매우 중요한 의미를 지닌다. 마치 설교자가 사람들의 믿음을 소생시키고 일깨우는 믿음의 조성자인 듯한 의미에서 '우리 종들**로부터** 너희가 믿은' 것이 아니다. 또한, 마치 설교자가 사람들의 믿음의 대상인 듯한 의미에서 '**우리를** 너희가 믿은' 것도 아니다. 우리가 이미 살펴본 대로, 사람들이 믿고 세례를 받은 것은 그리스도 혹은 그리스도 안에서다. 말씀과 성례 사역은 예수 그리스도를 오직 유일한 믿음의 대상으로 제시한다(참고. 고전 1:13-15; 2:5). 대신에 우리는 '너희로 하여금 **믿게 한** 종들'이며, 하나님이 동원하시는 대리인들 혹은 하나님이 말씀을 듣는 이들 안에 믿음을 불러일으키기 위해 사용하시는 도구들이다. 설교자의 기능은, 세례 요한과 같이 "빛에 대하여 증언하고 모든 사람이 **자기로 말미암아** 믿게 하려"는 것이다(요 1:7).

설교자는 대리인이며 하나님이 그를 통해 일하시는 종이라는 이 진리에 대해서는 이미 2장에서 살펴보았다. 거기서 우리는 설교자를 하나님이 당신의 호소를 사람들에게 발하기 위해 사용하시는 대사로 이해했다(고후 5:20). 인간이 하나님의 은혜와 능력의 통로가 될 수 있다는 사실은 신약에서 여러 번에 걸쳐 암시된다(예를 들어, 행 15:12의 "말미암아"; 참고. 행 14:27의 "함께"). 그러나 이 개념이 의미하는 바가 더욱 분명하게 드러난 곳은 바울의 고린도전서 3장이다. "그들은 주께서 각각 주신 대로 너희로 하여금 믿게 한 사역자들이라." 종은 그에게 할당된 다른 직무를 가지고 있지만, 주인은 종 모두를 통해 일한다. 바울과 아볼로에게 주어진 구체적인 과업이 이제 묘사된다. "나는 심었고 아볼로는 물을 주었으되 오직 하나님께서 자라나게 하셨나니"(고전 3:6). 사도는 단순한 농사 은유를 동원한다. 고린도 교회는 "하나님의 밭"이다(고전 3:9). 비록 밭은 그의 소유지만 사람들이 그 안에서 일하도록 허락하셨다.

1차 선교여행 시에 고린도를 방문하여 초기 파종을 담당한 것은 바울 자신이었다. 그럼에도 불구하고, 바울이 '심고' 아볼로는 '물을 주었지만'(두 단어 모두 한 단계의 완료를 묘사하는 아오리스트다), '자라나게 하신' 이는 하나님이시다. 다른 동사들과는 대조적으로, 이 동사는 하나님의 지속적인 행위를 지시하는 미완료 형이다. 인간들이 오고 갔지만, 내내 그 씨가 싹트고 자라서 꽃 피울 수 있도록 하신 이는 하나님 자신이었다. 사실이 이러하다면 "심는 이나 물 주는 이는 아무것도 아니로되 오직 자라게 하시는 이는 하나님뿐이니라"(고전 3:7).

우리는 밭을 갈아
좋은 씨앗을 흙에 뿌린다.
그러나 그것을 먹이고 물 주는 이는
오직 하나님의 전능한 손이다.

밭에 뿌리는 씨앗에게 통하는 이 진실은, 가감 없이 하나님 말씀의 씨앗에도 적용된다. 우리는 심고 물 주는 특권을 받았지만, 하나님이 성장을 주시지 않는 한 우리의 모든 노동은 허사다. 설교자는 신성한 대리인 혹은 '디아코노스'로서, 주 하나님이 그를 통해 강력하게 일하셔서 말씀을 듣는 이들 안에 믿음을 창조하시지 않는다면 그의 모든 섬김은 허비되고 말 것이다. 이러한 의미에서, 이제 이 마지막 장에서 우리는 설교자와 하나님의 능력에 대해 고찰하려 한다.

능력의 필요성

우리는 설교에 있어서 **하나님 능력의 절박하고도 불가결한 필요성**을 상기하는 것으로 시작해야 한다. 바라건대, 오늘날 교회의 애처로운 무력함을 우리 모두 비통한 눈으로 직시하기를 소망한다. 세계의 일부에서 하나님이 당신의 능력을 나타내시어 구원 역사를 이루심에 우리는 감사할 수 있다. 그러나 너무도 많은 지역에서, 특히 오랜 역사를 지닌 교회들 안에서는 생기 또는 능력의 표지를 좀처럼 찾아볼 수가 없다. 대형 집회, 굵직한 사회 활동, 분주한 프로그램들이 돌아간다. 그러나 능력은 거의 찾아볼 수 없다. 정직하게 말하면, 최소한 내가 사는 이 나라에서는 교회가 국가 전체에 미치는 영향력이란 미미하기 짝이 없다. 대중은 복음에 대해 무지하거나 무관심하다. 그들은 교회를 시대에 뒤떨어진 그래서 삶과는 무관한, 이전 시대에서 용하게 살아남은 시대착오적인 생존자로 간주한다. 그들에게 교회는 무기력하고 이미 쇠락기에 접어들었다. 이렇게 교회가 힘을 잃고 있는 마당에, 우리 자신의 사역은 어떠한가? 사람들이 우리의 설교를 통해 회심하고 있는가? 감정적인 동요나 피상적인 감동이 아니라, 성령의 은혜로운 사역에 의해 깊이 그리고 영구히 중생하고 있는가? 오직 세계의 강단들이 "위로부터 능력으로 입혀"진 사람들로 채워질 때(눅 24:49), 우리는 다시 한 번 "복음은 모든 믿는 자에게 구원을 주시는 하나님의 능력이 됨이라. 먼저는 유대인에게요 그리고 헬라인에게로다"를 증언할 수 있을 것이다(롬 1:16).

이러한 능력으로 입혀짐을 향한 첫걸음은 우리에게 능력이 없음을 겸허히 인정하는 것이다. 조금 일반화하자면, 교회들은 통계치라는 양털로 제 눈 가리기에 급급하다. 우리는 오늘날 교회가 처한 한심한 연약함을 선뜻 인정하려 들지 않는다. 우리는 사람들의 판단으로 판단하고, 겉모습을 보는 것만으로 만족한다. 그 결과 우리는 교회의 세속화를 보지 못하고, 죄에 대한 확신과 하나님의 이상에 대한 확신의 부재, 우리가 드리는 예배의 지독한 형식주의, 우리가 나누는 교제의 피상성, 복음전도에 관한 우리의 불순종, 그리고 팔복에 명시된 온유함과 고귀함의 기준에 우리의 삶이 한참이나 미치지 못함을 직시하지 못하고 있다.

우리의 삶뿐만 아니라 우리의 사역에도 능력이 필요하다. 설교자로서 우리는, 연약한 인간의 능력을 의지한 채 하나님의 말씀을 선포하려는 시도가 얼마나 허망한 일인지 보기 전까지 결코 하나님의 능력을 구하기 시작할 수 없을 것이다. 이것이 얼마나 어리석은 일인지는, 인간이 너무도 타락하여 인위적인 계몽 혹은 설득의 한계 너머에 있으며 오직 생명을 주시는 하나님의 능력에만 반응한다는 성경의 적나라한 보도를 우리가 신중히 고려할 때, 비로소 깨닫게 될 것이다. 성경은 인간이 구속받지 못하고 중생하지 못한 그 자연적인 상태로는 맹인임을 분명하게 가르친다. "그중에 이 세상의 신이 믿지 아니하는 자들의 마음을 혼미하게 하여 그리스도의 영광의 복음의 광채가 비치지 못하게 함이니 그리스도는 하나님의 형상이니라"(고후 4:4). 현실이 이러한데 어떻게 사람이 스스로 보고 믿을 수 있겠는가? 이 질문에 답하기 위해 바울은 옛 창조와 새 창조 사이의 유비를 동원한다. 그는 우리의 생각을 수백만 년 전의 원시적 혼돈으로, 다시 말해 "땅이 혼돈하고 공허하며 흑암이 깊음 위에 있"던 시절로 이끌고 간다(창 1:2). 하나님의 창조의 음성이 빛과 온기, 형채와 아름다움을 가져오기까지는, 모든 것이 형채도 없고 생명도 없고 생기도 없고 어둡고 공허했다. 그리스도 없는 자연인의 마음도 마찬가지다. 저 희미한 본성(그의 이성과 양심)의 여명은 그저 칠흑 같은 어둠만을 면해 줄 뿐, 하나님의 장엄한 **명령**이 새로운 창조를 발하기까지는 모든 것이 어둡고 공허하며 쌀쌀하기만 했다. "어두운 데에 빛이 비치라 말씀하셨던 그 하나님께서 예수 그리스도의 얼굴에 있는 하나님의 영광을 아는 빛을 우리 마음에 비추셨느니라"(고후 4:6).

인간은 맹인일 뿐만 아니라 "허물과 죄로" 죽었다. "그들의 총명이 어두워지고 그들 가운데 있는 무지함과 그들의 마음이 굳어짐으로 말미암아 하나님의 생명에서 떠나 있도다"(엡 2:1; 4:18). 예수님도 친히 동일한 것을 가르치셨다. "내가 진실로 진실로 너희에게 이르노니 내 말을 듣고 또 나 보내신 이를 믿는 자는 영생을 얻었고 심판에 이르지 아니하나니 사망에서 생명으로 옮겼느니라"(요 5:24). 듣고 믿은 자들이 이로써 사망에서 생명으로 옮겨진 것이라면, 그들이 그 전에는 죽어 있었음이 분명하다.

이것이 바로 성경이 말하는 구속받지 못한 인간의 상태다. 그는 보지 못하며 생명도 없고 맹인에다 죽은 자다. 어떻게 우리가 그들에게 접근할 수 있겠는가? 만일 우리가 여차여차한 방법으로, 우리 자신의 주장이나 수사 기법으로, 그 사람 안에 영적인 이해 혹은 생명을 불러일으킬 수 있다고 생각한다면 이 얼마나 어리석은 일이겠는가? 근본적으로 안 되는 일이다. 맹인에게 시력을 주거나 죽은 자에게 생명을 주는 것은 애초에 우리에게 맡겨진 일이 아니다. 오직 하나님만이 빛과 생명의 조성자시다. 예수 그리스도는 어제나 오늘이나 영원히 동일하시다. 맹인의 눈을 뜨게 하시고 죽은 자를 일으키신 그분은 오늘도 그렇게 하실 수 있다. 오직 그의 만지심이 저들의 눈에서 비늘을 떨어지게 할 수 있다. 오직 그의 음성만이 저 죽은 자들을 무덤에서 불러낼 수 있다(요 5:25).

오직 하나님의 능력만이 맹인을 보게 하고 죽은 자를 살릴 수 있다면, 이 능력은 어디서 찾아야 하는가? 어떻게 설교자가 하나님의 손에 붙들려 다른 사람들이 믿게 하는 종들과 같은 통로가 될 수 있는가? 신약에서 이 신성한 능력의 장소에 대해 고린도전서 1:17-2:5보다 더 분명하게 해명하는 곳은 없다. 이것은 아마도 성경의 다른 어떤 부분보다도 설교자들이 읽고 또 연구해야 하는 부분이며, 우리 사역의 판단과 개혁의 기준으로 삼아야 할 부분이다.

이 단락에는 다섯 번에 걸쳐 '두나미스'(*dynamis*), 즉 능력, 특히 '두나미스 테우'(*dynamis Theoū*), 즉 하나님의 능력이 언급된다. 사도는 그리스도의 십자가 **능력**이 없어질까 봐("그리스도의 십자가가 헛되지 않게 하려 하여", 개역개정) 노심초사하였으며, 두 번이나 "십자가에 못박힌 그리스도" 혹은 "십자가의 도"가 "부르심을 받은 자들에게는" 그리하여 "구원을 받는" 자들에게는 "하나님의 **능력**"이라고 말한다(1:18, 23, 24). 나아가, 그는 이 메시지를 선포함에 있어 "말과 지혜의 아름다운 것으로" 하지 않고 "다만 성령의 나타나심과 **능력**으로" 하여, 사람들의 "믿음이 사람의 지혜에 있지 아니하고 다만 하나님의 **능력**에 있게 하려" 하였다(2:4, 5).

이 신적인 능력이 어디에 거하는지는 이미 이 단락을 시작하는 구절에 암시되어 있다.[2] **그리스도께서 나를 보내심은 세례를 베풀게 하려 하심이 아니요 오직 복음을 전하게 하려 하심이로되 말의 지혜로 하지 아니함은 그리스도의 십자가가 헛되지 않게 하려 함이라**(17절). 이 말을 통해 바울은 우리에게 우리 메시지의 출처와(우리가 알리도록 위탁된 복음) 내용(그리스도의 십자가의 복음), 그리고 선포의 방법(말의 지혜로 하지 아니함) 모두를 소개한다. 우리는 설교 사역의 이 세 가지 측면에 대해 사도가 계속해서 말하는 바를 신중하게 살펴보아야 한다. 나는 이것을 세 개의 명제로 요약할 것이다.

하나님의 말씀

첫째, 능력은 하나님의 말씀 안에 있다. 구원하는 능력은 인간의 지혜가 아니라 하나님의 말씀 안에 있다. 따라서 사람이 구원받기 위해 의지해야 할 것은 하나님의 말씀이며, 설교자가 구원 사역에 참여하고자 한다면 그가 설교해야 할 것도 바로 하나님의 말씀이다. 사도는 하나님의 지혜와 사람의 지혜 사이를 분명하게 구분한다. 그는 이사야 시대에 유다의 '지혜자'에 대한 여호와의 심판의 메시지를 인용하면서(사 29:14) 이렇게 말한다. **기록된 바 내가 지혜 있는 자들의 지혜를 멸하고 총명한 자들의 총명을 폐하리라**(19절). 이어서 말하기를, **지혜 있는 자가 어디 있느냐? 선비가 어디 있느냐? 이 세대에 변론가가 어디 있느냐? 하나님께서 이 세상의 지혜를 미련하게 하신 것이 아니냐?**(20절) 주전 8세기 유다에서 진실이었던 것이 주후 1세기 고린도에서도 여전히 진실이었다. 지적 교만을 향한 하나님의 태도는 변화되지 않았다. 인간은 그 자신의 지혜로 하나님을 찾을 수 없다. 하나님은 무한하시며 인간의 지적인 노력으로는 알 수 없는 분이다. 하나님이 말씀과 구원하심에서 주도권을 가지셔야 하는데, 감사하게도 그는 그렇게 하셨다. **하나님의 지혜에 있어서는 이 세상이 자기 지혜로 하나님을 알지 못하므로 하나님께서 전도의**

미련한 것으로 믿는 자들을 구원하시기를 기뻐하셨도다(21절). 여기 이 놀라운 구절 속에는 하나님의 기쁨과 목적이 부정의 언어와 긍정의 언어가 짝을 이루며 분명하게 표현되어 있다. 부정의 언어로는, **하나님의 지혜에 있어서는 이 세상이 자기 지혜로 하나님을 알지 못하였다.** 다시 말해, 사람의 지혜가 하나님의 지혜에 의해 밀려났다는 말이다. 하나님은 당신의 지혜 안에 그 어떤 인간도 그들 자신의 지혜로는 그를 발견하거나 알 수 없다고 규정하셨다. 유한하고 타락한 인간의 마음 안에는 하나님을 찾거나 더듬어 알 수 있는 아무런 능력이 없다. 하나님은 인간의 손을 완전히 벗어나 계신다. 그리하여 이제 긍정의 언어로 말하면, **하나님이 전도의 미련한 것으로,** 다시 말하면 '케리그마'를 통해 인간의 부족함을 채워 주시기를 **기뻐하셨다.** 세상의 눈에는 어리석어 보이는 이 메시지를 통해 **믿는 자들을 구원하시는 것**이 하나님의 뜻이다.

이 진술에서 사도가 제시하는 생생한 대조들을 관찰하는 것이 중요하다. 첫째, **알다**와 **구원하다**라는 동사 사이의 의도적인 대조가 있다. 하나님의 기쁨은, 단지 인간들이 당신을 아는 데 있지 않고 당신이 그들을 구원하는 데 있다. 지적인 계몽만으로는 충분하지 않으며, 죄로부터의 구원이 우리의 절실한 필요다. 다음으로, 하나님은 당신을 아는 이 구원의 지식으로 우리를 인도하고자 하시는데, 우리 자신의 기지나 지혜가 아니라 그의 말씀을 통해, 인간의 이성이 아니라 신적인 계시로써, 복음 즉 '케리그마'를 가지고서 그렇게 하신다. 셋째, 하나님의 계획은 복음을 통해 영리하고 학식 있는 자들을 구원하는 것이 아니라 **믿는 자들을** 구원하는 것이다. 구원의 조건은 믿음이지, 지적인 총명이 아니다.

사도는 구체적으로 유대인과 헬라인들을 지목함으로써 이 일반적인 진리들을 더욱 강조한다. 그는 **유대인은 표적을 구하고 헬라인은 지혜를 찾으나 우리는 십자가에 못박힌 그리스도를 전하니**라고 쓴다(22, 23절). 이 문장에 사용된 동사에 유념하라. **유대인은** 매우 오만한 요구를 하는데, 예수님에 관한 진리를 받아들일 준비를 하기 전에 우선 모종의 표적을 내놓으라는 것이다. **헬라인은** 언제나 그렇듯이 끊임없이 지혜를 찾고 추구한다. **그러나 우리는…전한다**(설교한다-역주). 의미인즉, 기독교 설교자로서 우리의 과업은 사람들이 우리에게 던지는 모든 질문에 대해 늘 수동적으로 대답하는 데 있지 않으며, 우리에게 쏟아지는 모든 요구 사항들을 충족시키려 힘쓰는 것도 아니며, 철학에 단련된 사람들에게 머뭇거리는 태도로 임시적인 답을 내놓는 것도 아니며, 오히려 독단적인 메시지를 선포하는 것인데, 왜냐하면 그것이 신성한 메시지이기 때문이다. 설교자의 책임은 선포이지, 토론이 아니다. 오늘날 기독교에는 너무 많은 토론이 있다. 특히 불신자들과의 토론은 너무 많아, 마치 우리의 관심이 그리스도 예수의 영광과 존귀 자체보다는 그리스도에 관한 사람들의 의견에 쏠려 있는 듯한 인상을 준다. 우리의 값진 진주를 돼지 앞에 던져서 돼지로 하여금 그 존귀한 분 앞에서 쿵쿵거리며 제멋대로 짓밟도록 놔둘 것인가? 그럴 수 없다. 우리는 그리스도를 선포하라고 부름받았지, 그에 관해 토론하라고 부름받지 않았다. 이미 우리가 살펴본 대로, 우리는 '사자'로서, 우리에게서 나온 메시지가 아니라(그래서 우리가 함부로 뜯어 고칠 수 있는 메시지가 아니라) 우리에게 그것을 내어 주신 그분에게서 나온 메시지를 반포하라는 명을 받았다. 그것이 여기에서는 '복음'(17절), '케리그마'(21, 24절), 그리고 하나님의 '증언' 혹은 '비밀'로 묘사되어 있다.[3] 이 계시된 메시지에 사람들이 겸허히 복종해야 한다. "너희 중에 누구든지 이 세상에서 지혜 있는 줄로 생각하거든 어리석은 자가 되라. 그리하여야 지혜로운 자가 되리라"(고전 3:18). 나는 이 "어리석은 자가 되라"는 말이 교만한 마음과 생각을 가진 인간들에게는 성경에서 가장 어려운 말 중 하나일 것이라고 믿는다. 고대 그리스의 번뜩이는 지성들처럼 우리 시대 사람들도 인간의 이성에 대해 무한한 신뢰를 표한다. 그들은 자기 방식대로 하나님께 나아갈 것을 궁리하며, 스스로의 노력으로 하나님을 발견했다는 명성을 얻으려 한다. 그러나 하나님은 유한한 피조물에게 이런 과분한 자존심을 허락하지 않으신다. 물론 우리가 앞 장들에서 이미 살펴보았듯이 인간들에게는 그들이 사용할 수 있는 지성이 주어져 있고, 지성을 억누르거나 억제해서는 안 된다. 하지만 하나님의 계시 앞에서는 겸손하게 스스로를 낮추어, 바울의 말을 빌리면

"어리석은 자들"이 되어야 하고 그리스도의 표현을 빌리면 "어린아이들"이 되어야 한다(마 18:3). 하나님은 오직 어린아이들에게만 당신을 계시하시며, 오직 어리석은 자들만 지혜롭게 만드신다.

따라서 죄인이 하나님의 말씀을 받기 위해 스스로 낮아져야 한다면, 설교자는 그것을 선포하기 위해 스스로 겸비해야 한다. 그 안에 능력이 있다. 그것은 불 같으며 바위를 쳐서 부스러뜨리는 방망이 같다(렘 23:29). 또한 "하나님의 말씀은 살아 있고 활력이 있어 좌우에 날선 어떤 검보다도 예리하여 혼과 영과 및 관절과 골수를 찔러 쪼개기까지 하며 또 마음의 생각과 뜻을 판단하나니"(히 4:12). 그러나 말씀의 능력이 마치 타는 불, 부스러뜨리는 방망이, 그리고 쪼개는 칼과 같이 파괴적이라고 생각하지 말라. 복음은 무엇보다 "구원을 주시는 하나님의 능력"이다(롬 1:16). 신실한 강해 설교에 대한 더할 나위 없이 강력한 옹호가 여기 있으니, **하나님이 믿는 자들을 구원하시기 위해 사용하시를 기뻐하시는 것**은 바로 이 '케리그마', 즉 우리에게 위탁된 계시된 복음이라는 사실이다. 인간의 말에는 구원하는 능력이 없다. 마귀는 한낱 유한한 인간의 명령 따위로는 그가 잡은 죄인들을 놓아 주지 않는다. 그에게는 하나님의 말씀 외에 그 어떤 말도 권위가 서지 않는다. 그러니 하나님의 말씀을 선포하고 강해하도록 하자. 이 말씀이 "믿는 자 가운데서 역사한다"(살전 2:13)는 확신을 가지고 선포하도록 하자.

그리스도의 십자가

이 단락에서 우리가 얻을 수 있는 두 번째 명제는 그리스도의 십자가에 능력이 있다는 것이다. 하나님의 말씀은 **십자가의 도**(혹은 말씀-역주)다(18절). 하나님이 **믿는 자들을 구원하시는** 방편인 '케리그마'는 다름 아닌 **십자가에 못박힌 그리스도**다(21, 23절). 예수 그리스도가 우리의 죄를 짊어지시고 대적의 능력을 깨뜨리신 것은 십자가 위에서였으며(예를 들어, 벧전 2:24; 골 2:15; 히 2:14), 따라서 사람들이 죄와 사탄으로부터 개인적으로 구원받는 것은 오직 십자가에 의해서다. 그들이 의지해야 할 것은 십자가에 못박힌 그리스도이며, 따라서 우리가 선포해야 할 것도 십자가에 못박힌 그리스도다.

그러나 우리는 1세기처럼 지금도 십자가에서 그 어떤 신성한 지혜나 능력을 보지 못하는 수많은 사람을 발견한다. 십자가는 그들을 세우기보다 넘어지게 하고, 빛을 드리우기보다 혼란을 가져온다. **우리는 십자가에 못박힌 그리스도를 전하니 유대인에게는 거리끼는 것이요 이방인에게는 미련한 것이로되 오직 부르심을 받은 자들에게는 유대인이나 헬라인이나 그리스도는 하나님의 능력이요 하나님의 지혜니라**(23, 24절). **유대인에게 거리끼던 것**(23절)이 그들의 영적 후손들, 즉 율법주의의 영에 사로잡혀 "하나님의 의를 모르고 자기 의를 세우려고 힘써 하나님의 의에 복종하지 아니"하는(롬 10:3) 자들에게는 지금도 여전히 거슬린다. 자기 자신의 도덕성에 자부심이 있어 스스로의 공로로 구원을 쟁취할 수 있다고 생각하는 모든 이들에게, 십자가는 영원히 '스칸달론'(skandalon), 즉 거리끼는 것이다. 십자가는 그들의 자존심을 심각하게 손상시킨다. 십자가에서 그리스도는 그들에게 이렇게 말씀하시는 듯하다. '나는 너희들의 죄 때문에 여기에 있다. 만일 네가 스스로 구원할 수 있다면 내가 여기 달려 있을 필요가 없을 것이다.' 이 딜레마 앞에 도덕주의자가 취할 수 있는 길은 두 가지다. 자기 자신의 의로움을 부인하고 감사함으로 그리스도의 의를 붙잡거나, 아니면 자랑스럽게 자기 의에 매달려 그리스도 안에서의 하나님의 자비로운 제안을 거절해야 한다.

십자가는 또한 **이방인**(23절) 혹은 **헬라인에게는**(22, 24절) **미련한 것**이다. 유대인의 열망이 의에 있었다면, 헬라인의 열망은 이성에 있었다. 그래서 유대인이 스스로의 덕성에 자부심을 가진 도덕주의자 혹은 율법주의자를 대표한다면, 헬라인은 자신의 지혜를 자랑하는 지성주의자의 대표다. 전자에게 십자가는 '스칸달론'이고, 후자에게는 '모리아'(mōria), 즉 어리석음이었다. 로마의 사형 틀에서 죽은 신을 예배하는 것이 이방인들에게 얼마나 우스꽝스러운 일이었을지 충분히 짐작할 수 있다. 오리게네스에 따르면, 2세기 이방 철학자 켈수스는 그리스도인들을 일컬어 경멸조로 "죽은 사람을 실재로 예배하는 자들"이라고 묘사했으며,[4] 로마의 팔라틴에서 발견된 한 그림은 그리스도인들의 예배하는 모습을 아주 잔인하게 풍자하고 있는데, 한 노예가 교수대에 매달린 당나귀 앞에 무릎을 꿇고 있고 그 아래에 "알렉사메노스가 하나님을 예배하다"라고 쓰여 있다. 현대 지성은 십자가에 못박힌 그리스도의 복음에 대해 고대 그리스와 로마의 지성에 비해 결코 더 호의적이지 않다. 나 역시 지성인들이 십자가를 '원시적인 피비린내 나는 제의의 잔존물'이나 '계몽된 사람들이 오래전에 폐기한 역겨운 미신'으로 치부하는 것을 직접 들은 적이 있다.

그렇다면 십자가가 사람들의 덕성과 지성에 대한 자존심을 상하게 한다는 이유만으로 우리의 메시지에 변화를 주거나 수정해야 할까? 나는 17세기 예수회 선교사들이 중국에서 한 일에 대해 읽은 적이 있다. 그들은 중국 문인들의 세련된 입맛을 상하게 하지 않으려 고심했다. 그래서 그들은 복음서 이야기를 바꾸어 문제가 될 만한 것은 모두 삭제하면서, 특히 십자가를 삭제해 버렸다. 놀라울 것도 없이, 그 결과 남겨진 것은 옥스포드의 근대 역사 책임교수인 휴 트레버로퍼(Hugh Trevor-Roper) 교수의 말을 빌리면, 그 "흠 잡을 데 없는 잔류물"은 그 안에 영구적인 회심자를 얻을 만한 아무런 신적 능력도 가지고 있지 않았다.

만일 우리가 십자가에 못박힌 그리스도에 대한 믿음을 스스로 부인하거나 다른 이들에게 설교하지 못한다면, 그 어떤 결과도 기대할 필요가 없다. 그리스도의 십자가 안에 능력이 있다. 누군가에게는 **거리끼고** 또 누군가에게는 **미련한 것**이지만, 십자가는 **부르심을 받은 자들에게는**, 그리고 하나님의 부르심에 회개와 믿음으로 응답하여 **구원을 받은**(18절) 자들에게는, "**유대인이나 헬라인이나…하나님의 능력이요 하나님의 지혜니라.**" "**하나님의 어리석음이 사람보다 지혜롭고 하나님의 약하심이 사람보다 강하니라**"(24, 25절). 이것은 역설이다. 교만한 자에게 거슬리는 것이 겸손한 자를 구원한다. 그리스도의 십자가에는 경이로운 능력이 있다. 그 안에는 가장 무딘 양심을 깨우고 가장 굳은 마음을 녹이는 능력, 더러운 것을 깨끗하게 하고 지독히 갈라선 자를 화해시키고 하나님과의 교제로 회복시키는 능력, 갇힌 자를 그 사슬에서 해방하며 빈궁한 자를 그 똥무더기에서 건져 올리는 능력, 사람을 갈라놓는 장벽들을 허물어 버리는 능력, 우리의 완고한 성품을 그리스도의 형상으로 바꾸어 마침내 우리로 하여금 흰옷을 입고 하나님의 존전에 서게 하는 능력이 있다. 이 모든 것이 십자가에 못박힌 그리스도의 '케리그마'를 가지고 하나님이 사람들 안에서 이루어내시는 '구원'이다. **십자가의 도가…하나님의 능력이라**(18절). 이것을 절대 잊지 말자.

그래서 (유대인들이 생각했듯이) 자기 자신의 능력으로 혹은 (헬라인들이 생각했듯이) 자기 자신의 지혜로 구원받을 수 없는 남자와 여자들은 하나님의 지혜와 능력이신 십자가에 못박힌 그리스도에 의해 구원받을 수 있다. 능력과 지혜는 하나님 안에 있지, 사람 안에 있지 않다. 심지어 하나님의 미련함조차 사람보다는 지혜롭고, 그의 연약함조차 사람보다 강하다. 사람을 구원하는 지혜와 능력은 그들 스스로가 아니라 하나님으로부터 그리스도 안에서 그리고 그리스도를 통해 나온다는 이 진리를 강조하기 위해, 사도는 이제 고린도 독자들에게 그들 자신이 회심한 상황을 상기시킨다. **형제들아, 너희를 부르심을 보라. 육체를 따라 지혜로운 자가 많지 아니하며 능한 자가 많지 아니하며**(26절)라고 그는 말한다. 정확한 말이다! 만일 자기 자신의 능력이나 지혜에 골몰한 사람이라면, 그들은 겸손히 하나님 앞에 복종하려 들지 않았을 것이다. 하나님의 능력은 인간의 연약함 안에서(참고. 고후 12:9) 그리고 하나님의 지혜는 인간의 미련함 안에서 완전해진다. 그래서 하나님은 사람들 중에 본성적으로 지혜롭고 능력 있는 자는 거의 선택하지 않으셨다. 대신 **하나님께서 세상의 미련한 것들을 택하사 지혜 있는 자들을 부끄럽게 하려 하시고 세상의 약한 것들을 택하사 강한 것들을 부끄럽게 하려 하시며 하나님께서 세상의 천한 것들과 멸시받는 것들과 없는 것들을 택하사 있는 것들을 폐하려 하시나니**(27, 28절). 왜? 바울은 즉시 이유를 댄다. **이는 아무 육체도 하나님 앞에서 자랑하지 못하게 하려 하심이라**(29절). 그 누구도 스스로를 구원할 수 없으며, 오직 그리스도의 십자가만이 그를 구원할 수 있다. 인간은 하나님께 모든 것을 빚진 자다. 피조물로서 그는 전적으로 그의 창조주께 의존하며, 죄인으로서 그의 구원자께 의존한다. 지혜든 능력이든, 스스로를 자랑하는 것은 죄된 미련함이다. **너희는 하나님**

으로부터 나서 그리스도 예수 안에 있고 예수는 하나님으로부터 나와서 우리에게 지혜와 의로움과 거룩함과 구원함이 되셨으니(30절). 우리에게는 하나님을 알 만한 아무런 지혜도 없다. 그래서 우리에게는 그리스도 안에 있는 하나님의 자기 계시가 필요하다. 우리에게는 스스로를 구원할 아무런 능력이 없다. 그것이 먼저 주어지는 칭의든 진행형의 성화든 혹은 궁극적인 구속이든, 구원의 능력은 오직 그리스도 안에 있다. 그분 밖에서는 지혜도 없고 능력도 없다. 그분 밖에서 우리는 잃어버린 자다. 그래서 바울은 **기록된 바 자랑하는 자는 주 안에서 자랑하라**고 결론 짓는다(31절).

구원하는 능력이 말씀을 **듣는 이들** 안에 있지 않다고 단언한 뒤, 사도는 고린도전서 2장 초두에서 계속해서 그 능력이 **설교자** 안에도 있지 않음을 보여 준다. 감히 말하건대, 복음주의 그리스도인들은 전자에 대한 확신은 강한데 후자는 그렇지 않은 듯하다. 말하자면 우리는 그 누구도 자기 자신의 행위로 구원받을 수 없다고 지치는 기색 없이 누누이 반복하지만, 때로 설교자들의 일을 통해서는 구원받을 수 있다고 생각하는 듯 행동하고 설교하지 않는가? 우리는 언행에 일관성이 있어야 한다. 만일 우리가 사람들에게 그리스도를 붙잡기 위해 그들 자신의 지혜와 능력을 부인하라고 요구한다면, 우리도 그들 앞에서 우리의 지혜와 능력이 그들의 믿음의 대상인 양 내세우지는 않는지 조심해야 한다. 사람들은 자신의 능력은 물론 우리의 지혜도 아닌, 오직 하나님의 능력과 지혜만을 의지해야 한다. 사도 바울은 이 진리를 오늘날의 우리보다 더욱 명료하게 인지하고 있었다. 그는 단호히 모든 사람이, 다른 이들과 더불어 자기 자신도, 하나님 앞에 겸허히 엎드려야 한다고 믿었다. 그는 하나님을 아는 지혜와 구원받는 능력이 오직 그리스도 안에서 하나님으로부터 오며, 사람으로부터 혹은 사람 안에서 결코 나지 않는다는 데 추호의 의심도 없었다. 그래서 그는 이제 이 위대한 주제를 설명함에 있어, 독자들의 회심 상황이 아니라 설교자로서의 자신의 경험을 거론한다. **형제들아, 내가 너희에게 나아가 하나님의 증거를 전할 때에 말과 지혜의 아름다운 것으로 아니하였나니**(1절). 그는 설교의 효력을 위해 자신의 지혜 혹은 설교를 발하는 자신의 능력에 의존하지 않았다. 그의 메시지와 그것을 전하는 그의 태도는 인간적인 재주나 자부심으로 인한 오염을 허락하지 않았다. 사도의 메시지가 무엇이었던가? 세상적 지혜가 아니라 오직 **내가 너희 중에서 예수 그리스도와 그가 십자가에 못박히신 것 외에는 아무것도 알지 아니하기로 작정하였음이라**(2절). 전하는 방식에 있어서, 그는 **말의 아름다운 것**의 사용을 피했다(1절). 그는 복음을 **말의 지혜**로 설교한다는 개념을 거부했다(1:17). 대신 그는 이렇게 말한다. **내가 너희 가운데 거할 때에 약하고 두려워하고 심히 떨었노라**(3절). 사도는 고린도에 있는 동안 인간적인 약함 가운데 미련한 메시지를 전하는 것으로 만족했다. 고린도인들이 하나님을 아는 지식에 이른 것은 사도

자신의 지혜의 발로가 아니었다. 그는 십자가에 못박힌 그리스도에 관한 하나님의 미련한 '케리그마'를 위해 자기의 지혜 따위는 이미 포기한 터였다. 또한 그들이 회심한 것은 바울의 화려하고도 강력한 언변에 의한 것이 아니었으며 오직 성령의 능력에 의한 것이었다.

성령

이제 우리가 이 단락에서 얻을 수 있는 세 번째 명제로 이어지는데, 그것은 성령 안에 능력이 있다는 것이다. 바울의 계속되는 말을 다시 들어 보자. **내 말과 내 전도함이 설득력 있는 지혜의 말로 하지 아니하고 다만 성령의 나타나심과 능력으로 하여**(4절). 그는 이미 그의 메시지, '케리그마'가 무엇인지, 그 출처와 내용에 대해 설명했다. 그것은 하나님으로부터 나왔으며 그리스도가 그 중심에 서 계신다. 하나님이 저자시며, 그리스도는 그 내용이시다. 그러나 아직도 이 영화로운 하나님이 친히 내어 주시고 그리스도가 중심 되신 복음이 효력을 발휘하지 못할 가능성은 남아 있다. 만일 그것이 **말의 지혜로** 설교된다면 **그리스도의 십자가가 헛되게 될 것이다**(1:17). 바울은 그의 메시지를 다른 이들에게 전달함에 있어서 자신의 인격이나 언변에 의지하는 것을 단호히 거부했다. 그는 의도적으로 소위 **설득력 있는 지혜의 말**을 사용하기를 거부했다(4절). 여기서 그는, 말을 화려하게 만드는 데 골몰하며 서로 말재주를 겨루던 그리스 변사들의 정교한 수사학을 염두에 두고 있음에 틀림없다. 대신 그는 그의 메시지가 **성령의 나타나심과 능력으로** 전달되었다고 말한다(4절). 다시 말해, 그는 단순하고도 심지어 더듬거리는 말을 했지만 성령께서 덧입혀 주시는 강력한 논증 혹은 증거[아포데익시스(apodeixis)]를 의지했다. 그가 이러한 인간적 연약함 안에서 말했기에, 그것만으로는 그 누구도 분명한 이해나 구원받는 믿음에 이를 수 없었을 것이다. 그러나 성령께서 그의 신실한 복음 선포를 취하셔서 듣는 이들의 양심과 마음에 강력한 확신을 일으키셨기에 그들이 보고 믿게 되었다.

이것은 사도 바울에게는 결코 새로운 경험이 아니었다. 이미 2차 선교여행 시 데살로니가에서 그가 선포한 복음은 "말로만…아니라 또한 능력과 성령과 큰 확신으로" 사람들에게 이르렀다(살전 1:5). 바울의 설교 사역에서 진실이었던 것은 동일하게 우리의 사역에도 반영되어야 한다. 고매한 인격에 유창한 언변의 은사를 받은 모든 설교자는 자신의 재능과 능력을 신뢰하려는 유혹을 잘 알고 있다. 만일 그가 충분히 정결한 인격에, 충분히 유창한 말에, 충분히 교리적이고, 충분히 설득적이라면, 분명히 그는 사람들이 그리스도의 구원을 붙잡고 그리스도 앞에 헌신하게 만들 수 있을 것이다. 그는 참으로 그들의 감정을 뒤흔들어 그들로 하여금 어떤 행동을 하도록 자극하는 데 성공할 수 있을 것이다. 그러나 그 결과는 피상적이며 일시적인 것에 그칠 것이다. 오직 성령만이 양심을 책망하고, 지성에 빛을 비추며, 심장을 타오르게 하여, 사람의 의지를 움직일 수 있다. 오직 성령께서 말씀에 부어 주시는 능력의 나타나심만이, 인간들을 압도하여 그것을 받아들이고 꽉 붙들게 할 수 있으며 마침내 사그라지지 않는 열매를 맺게 할 수 있다. 이는 우리가 연구를 게을리하거나 준비에 소홀할 자유가 있다는 의미는 결코 아니다. 우리가 항상 즉흥적으로 원고 없이 설교해야 하며 우리의 메시지를 명료하고 힘있게 전달할 수 있는 단어들을 선택하기 위해 애쓰지 말아야 한다는 의미도 아니다. 성경의 신적 영감이 인간 저자들이 사용한 단어들에도 미친다면(참고. 고전 2:13), 우리는 결코 단어 선택이 중요하지 않다고는 생각할 수 없다. 정확한 메시지는 오직 정확한 언어로 전달될 수 있다. 바울이 여기서 강조하고 있는 것은, 말씀 선포에 있어서 우리의 신뢰의 대상이 우리 자신의 개인적 능력이나 논리가 아니라 (우리가 청중에게 아무리 정확하게 논증하고 변론한다 해도) 오직 성령의 능력이라는 것이다.

회자되는 말에, 하나님의 기이한 은사를 받은 능력 있는 설교자 찰스 헤돈 스펄전(Charles Haddon Spurgeon)은 높이 솟은 그의 설교단 계단을 천천히 올라가면서 반복하고 또 반복해서 이렇게 중얼거리곤 했다고 한다. "나는 성령 하나님을 믿습니다. 나는 성령 하나님을 믿습니다. 나는 성령 하나님을 믿습니다." 또한 스펄전은 이렇게 썼다. "복음은 모든 사람들의 귀에 선포되지만 오직 몇몇 사람들에게만 능력 있게 다가온다. 복음 안에 있는 이 능력은 설교자의 유창한 언변에 있지 않다. 만일 그러했다면 한낱 인간도 다른 이들을 회심시킬 수 있었을 것이다. 그것은 설교자의 학식에 있지도 않다. 만일 그러했다면 그 능력은 인간의 지혜 안에 있었을 것이다. 우리의 혓바닥이 닳아 없어지도록, 우리의 폐가 소진되어 죽기까지 설교한다 해도, 신비로운 능력이 우리의 설교에 함께하지 않는 한, 단 한 영혼도 회심하지 않을 것이다. 그것은 바로 인간의 의지를 변화시키는 성령 하나님이시다. 존경하는 설교자들이여! 성령 하나님이 그 말씀에 함께하셔서 영혼을 회심시키는 능력을 불어넣어 주시지 않는다면, 인간에게 설교하느니 차라리 돌벽에다 대고 소리치는 것이 나을 것이다."

고린도전서 시작부를 통해 여러분에게 제시한 세 명제는 설교에 있어서 능력의 원천이 삼위일체 하나님임을 암시한다. '두나미스 테우', 즉 구원하시는 하나님의 능력은 그리스도의 십자가에 관한 하나님의 말씀 안에 그리고 그것이 성령에 의해 나타나고 확증될 때 비로소 존재한다. 말하자면, 설교자의 메시지의 출처와 내용 그리고 전달은 모두 신적이다. 설교자는 자기 설교의 내용과 태도를 변경할 자유가 없다. 그는 십자가에 못박히신 그리스도인 하나님의 '케리그마'를 성령의 능력 안에서 선포하도록 명령받았다. 설교자 자신의 메시지를 신적인 능력으로 선포하려는 것이나 하나님의 메시지를 자기 자신의 능력으로 설교하려는 것이나 어리석기는 마찬가지다. 그의 태도가 설교하는 내용과 일치되어야 하는 바, 설교자는 오직 하나님의 말씀을 하나님의 방식으로 전달해야 한다.

바로 여기서 기독교 설교가 다분히 세속적인 선전과 얼마나 완전하게 다른지 분명히 드러난다. 기독교적 선전 혹은 기독교적 광고와 같은 것이 존재할 수 있음을 나는 부인하지 않는다. 내가 여기서 사용하고 있는 '선전'이라는 단어는 일반적으로 말하는 매스컴, 때로 무가치한 목적을 위한 수단으로 사용되는 대중 매체를 포괄적으로 지칭한다. 이런 방법론이 참된 기독교 설교와 공존 불가함은, 우리가 이미 살펴본 세 가지 영역, 즉 메시지의 출처와 내용, 그리고 그것을 전달하기 위해 도입하는 방식의 측면에서 분명하게 드러난다. 첫째, 선전하는 자는 진실을 은폐하거나 왜곡 혹은 위장하기도 하지만, 설교자는 그에게 위탁된 말씀을 신실하게 선포하라는 엄명을 받았다. 둘째, 선전하는 자의 목적은 대중을 즐겁게 하고 매혹하며 그들의 비위를 맞추어 환심을 사는 데 있지만, 설교자는 교만한 자들에게는 무례하고 어떤 이들에게는 거리끼는 것이요 또 어떤 이들에게는 미련한 것임을 알면서도, 십자가에 못박힌 그리스도의 메시지를 설교하는 데 골몰한다. 셋째, 선전하는 자는 실용적인 심리학 기술에 의지하여 압력, 유머, 열정, 속임수, 논리, 반복 혹은 아첨까지 모든 수단을 동원하여 사람들의 마음을 바꾸고 확신시키려 하지만, 설교자는 보이지 않는 성령의 능력에 의지한 채 꾸밈없이 있는 그대로의 메시지를 선포해야만 한다.

거룩함과 겸손

우리가 묻고 답해야 할 마지막 질문이 여기에 있다. 설교자가 이 신적인 능력의 매개가 될 소망을 품을 수 있는 조건은 무엇인가? 우리는 신실하게 하나님의 말씀을 다루고, 성경을 강해하며, 십자가를 설교해야 함을 살펴보았다. 왜냐하면 능력은 하나님의 말씀 안에 그리고 그리스도의 십자가 안에 있기 때문이다. 그런데 우리가 어떻게 성령의 능력의 통로가 될 수 있는가? 어떻게 하면 우리 안에서 "생수의 강이 흘러나오리라"는 예수님의 약속이 성취될 수 있는가?(요 7:38, 39을 보라) 나는 두 가지 근본적인 조건이 있다고 믿는다. 거룩함과 겸손.

거룩함의 필요성에 대해서는 길게 이야기하지 않겠다. 내가 이미 여러 차례 이야기한데다, 정작 바울은 우리가 지금 연구하고 있는 단락에서 이 말을 언급하지 않기 때문이다. 누구든지 "귀히 쓰는 그릇이 되어 거룩하고 주인의 쓰심에 합당하며 모든 선한 일에 준비함이 되"는 영예를 누리고자 한다면, 그는 "이런 (천한-역주) 것에서 자기를 깨끗하게" 해야 한다(딤후 2:21). 오직 거룩한 그릇만이 이스라엘의 거룩한 자에게 쓰임받는다. 우리는 로버트 머레이 맥체인(Robert Murray McCheyne)이 댄 에드워즈(Dan Edwards) 목사가 1840년 10월 2일 유대인을 위한 선교

사로 임직된 직후 그에게 편지한 말을 귀담아 들어야 한다.

> 나는 당신이 독일에서 기쁘고 유익한 시간을 보내리라 믿습니다. 나는 당신이 독일인들에게 열심히 적응하리라 믿습니다. 그렇지만 그 속사람의 문화를 잊지 마십시오. 그들의 마음 말입니다. 기병 장교는 얼마나 부지런히 그의 검을 깨끗하고 날카롭게 준비하는지, 단 한 점의 녹도 심혈을 기울여서 깨끗이 닦아 냅니다. 당신이 하나님의 검, 하나님의 도구라는 사실을 기억하십시오. 나는 하나님의 이름을 담기 위해 하나님이 선택하신 그릇을 신뢰합니다. 도구의 순결함과 완벽함에 따라 성공의 정도는 엄청나게 달라질 것입니다. 하나님이 축복하시는 것은 위대한 재능이 아니라 예수님을 깊이 닮는 일입니다. 거룩한 사역자는 하나님의 손에 잡힌 가공할 만한 무기입니다.[5]

설교에서 성령의 능력을 누리는 두 번째 불가결한 조건은 겸손이며, 이것이 바로 바울이 강조하고 있는 바다. 여기에는 하나님의 능력이 인간의 연약함을 통해 그리고 하나님의 지혜가 인간의 미련함을 통해 드러난다는 명백한 진리가 담겨 있다. 이것은, 사도가 그의 독자들의 회심과 자기 자신의 사역에서 공히 예증되고 있음을 발견하는, 하나님의 행위 원리다. 하나님은 약하고 미련한 것들을 고린도에서 택하셔서, 그들의 구원이 오직 하나님의 능력과 지혜로 인한 것임을 증거하셨다. 이와 동일하게, 하나님의 지혜와 능력이 알려진 것 역시 바울 설교의 약함과 미련함을 통해서였다. 자기 자신의 지혜로 사람들을 얻을 수 없음을 알았기에, 바울은 의도적으로 지혜를 거부했으며 대신 '케리그마'의 미련한 것으로 설교했다(21절). 또한 인간이 자신의 수사학적 능력으로 구원받을 수 없음을 알았기에, 그는 의도적으로 그것 또한 거부하고 **약하고 두려워하고 심히 떨면서** 고린도로 나아갔다(3절). 다시 말하건대, 이것은 사도 바울의 의도적인 전략이었다. 그는 하나님과 사람 앞에 스스로 겸손히 낮추었다. 사도는 엄청난 지식에다, 성숙한 자들에게 지혜를 나누어 줄 수 있는 명민함을 갖추고 있었으면서도(고전 2:6), 당시 믿지 않던 고린도인들과 있을 때에는 의도적으로 **예수 그리스도와 그가 십자가에 못박히신 것 외에는 아무것도 알지 아니하기로 작정했다**(2절). 그는 기꺼이 그리스도 때문에 어리석을 준비가 되어 있었으며(고전 4:10), 이는 하나님의 지혜가 찬양을 받게 하기 위함이었다. 마찬가지로, 그는 자신의 인격 혹은 강력한 설득력을 지닌 언변에 의지하지 않고, **약함으로**(3절) 그들을 대하려 했는데, 이는 하나님의 능력이 그 안에서 그리고 그를 통해 드러나도록 하기 위함이었다. 그는 고린도에 와서 미련한 메시지를 엉성하게 말했다. 우리는 여기서 사도가 의미하는 바를 축소해서는 안 된다. 그는 과장하고 있는 게 아니다. 고린도에 처음 방문했을 당시 바울이 고통받았던 사실적인 육신적 연약함에 대해 이야기하고 있다. 그는 두려워하고 있었다.

참으로 그는 너무 긴장한 나머지 두려움에 떨고 있었다. 그러나 그는 이 수치스러운 증상들에 대해 분노하지 않았다. 전혀 그렇게 하지 않았다. 그는 인간의 연약함이 하나님의 능력을 받는 필수 조건이며, 하나님이 가끔은 당신의 종들을 육체적으로 연약한 상태로 그냥 내버려두신다는 사실을 깨닫게 되었다. "우리가 이 보배를 질그릇에 가졌으니 이는 심히 큰 능력은 하나님께 있고 우리에게 있지 아니함을 알게 하려 함이라"(고후 4:7). 전승에 의하면 바울은 작은 키에 못생겼다고 한다. 성경은 그가 '육체의 가시'라는 장애를 가지고 있었다고 부언하는데, 그것이 정확하게 무엇이든지 간에 고문 혹은 질병으로 초래된 육체적인 결함을 가리키는 것이 틀림없다. 처음에 그는 그 가시로부터 놓임받기 위해 성심껏 기도했지만, 그리스도는 당신의 은혜가 그에게 족하다고, 그리고 "내 능력이 약한 데서 온전하여짐이라"라고 그에게 계시하셨다. 이에 마음을 돌이킨 사도는 이렇게 고백할 수 있었다. "나의 여러 약한 것들에 대하여 자랑하리니 이는 그리스도의 능력이 내게 머물게 하려 함이라." 또한 "내가 약한 그때에 강함이라"(고후 12:7-10).

나는 이것이 바로 오늘날 하나님이 쓰시는 설교자가 이토록 손에 꼽을 정도인 이유라는 생각을 떨쳐 버릴 수가 없다. 엄청나게 많은 유명한 설교자들이 있지만, 성령의 능력 안에서 설교하는 능력 있는 설교자들은 그리 많지 않다. 그런 설교가 요구하는 대가가 너무 크기 때문일까? 하나님이 인정하시는 유일한 설교는, 즉 그분의 지혜와 능력을 드러내는 설교는 기꺼이 자원하여 약골에 바보가 되려 하는 자의 설교다. 하나님은 약하고 미련한 사람들을 택하여 구원하실 뿐 아니라, 약하고 미련한 설교자를 택하여, 혹은 최소한 약하고 세상의 눈에는 미련해 보여도 기뻐하는 설교자를 통하여 그들을 구원하신다. 우리가 항상 이 값을 치를 준비가 되어 있지는 않다. 우리는 끊임없이 학식 있고 영향력 있는 사람이라는 평판을 추구하려는 유혹을 받는다. 학계에서 인정받으려 하고 그렇게 하기 위해 우리의 구식 메시지를 타협하기도 한다. 사람들을 우리의 영향권 아래 두게 하기 위해 개인적인 매력이나 강점을 키우고자 애쓰기도 한다.

이 유혹들을 단호히 뿌리치기 위해서는 우리에게 강력한 자극제가 필요하다. 설교자의 동기가 바로 여기에서 드러난다. 마음의 야망이 자기 영광에 있다면, 우리는 필시 계속해서 우리 자신의 능력을 사용하여 우리 자신의 지혜를 설교할 것이다. 그러나 만일 우리가 사람들의 유익과 하나님의 영광에 깊이 헌신되어 있다면, 우리는 주저 없이 지혜와 능력에 관한 인정 따위는 희생할 수 있을 것이다.

이것이 바로 사도 바울의 태도였다. 고린도인들에게 말하기를, 그는 의도적으로 세상 지혜와 자신의 수사학적 능력을 피하여, **너희 믿음이 사람의 지혜에 있지 아니하고 다만 하나님의 능력에 있게 하려 하였노라고** 말하였다(5절). 자신들의 믿음을 인간

지도자에게 두는 것은 고린도인들이 내내 보여 준 버릇이었지만(고전 1:12-15), 바울은 결코 이를 묵과하지 않았다. 고린도인들이 그들의 신뢰를 자기에게 두려는 생각을 그는 도저히 참을 수 없었다. 그는 그들에게 결코 합당한 믿음의 대상이 아니었다. 만일 그들이 그의 지혜와 능력을 신뢰하려 했다면, 이는 마치 흐르는 모래 위에 집을 짓는 것과 같았다. 인간이 안전하게 집을 지을 수 있는 반석은 오직 하나님 외에는 그 어디에도 없다. 그래서 고린도인들의 영적 유익을 위해 바울은 수려한 말과 인간적인 지혜를 모두 거부하였다. 그들의 영원한 복락에 비한다면 자신의 평판 따위가 무슨 문제란 말인가? 그는 고린도인들을 위해 기꺼이 자신을 낮추어 십자가에 못박히신 그리스도의 어리석은 메시지를 자신의 것이 아닌 능력 안에서 설교했는데, 이는 모든 지혜와 모든 능력을 지니신 하나님 안에 있는 구원을 그들이 발견하도록 하기 위함이었다.

사도로 하여금 자기 자신의 지혜와 능력을 제쳐두게 만든, 두 번째 더 위대한 동기는 하나님의 영광이었다. 그의 삶을 태우던 열정은, 베드로의 표현을 빌리면 "범사에 예수 그리스도로 말미암아 하나님이 영광을 받으시게 하려 함"이었다(벧전 4:11). 그렇기 때문에 이 고린도인들의 자랑에 그의 심령이 큰 상처를 입었다. 그는 계속해서 이에 대해 언급한다. 자랑은 그의 반복되는 주제들 중 하나다. 르낭은 자랑을 바울의 '강박 단어'(*Le mot obsde*)라고 주석한다. 바울은 이 서신에서 여덟 번 그리고 앞부분에서만 네 번 이 말을 사용한다. 고린도인들은 스스로를 자랑하고 자기들의 지도자를 자랑했다. 그러나 사도는 이 따위 자랑에는 결코 가담하지 않을 것이다. 그는 "누구든지 사람을 자랑하지 말라"고 편지한다(고전 3:21). 인간에게는 자랑할 것이 없다. 왜냐하면 그가 가진 모든 소유는 그에게 주어진 것이기 때문이다. "네가 받았은즉 어찌하여 받지 아니한 것같이 자랑하느냐?"라고 그는 따진다(고전 4:7). 그 누구도 스스로 구원할 수 없고 그 어떤 사람도 다른 사람을 구원할 수 없다. 하나님만이 오직 유일한 구원자시다. 그리고 하나님은 의도적으로 약하고 미련한 자를 택하셔서 "아무 육체도 하나님 앞에서 자랑하지 못하게" 하셨다(고전 1:29). 동일한 이유로 바울은 기꺼이 바보에 약골이 되려 했는데, 이는 "자랑하는 자는 주 안에서 자랑하"게 하기 위함이었다(고전 1:31). 그는 주님의 영광을 탈취할 의사가 전혀 없었다. 구원의 능력은, 그것이 설교자든 듣는 이든 사람 안에 있지 않고 오직 하나님 안에, 아버지의 말씀 안에, 아들의 죽음 안에, 그리고 성령의 증언 안에 있다. 따라서 설교자와 회중은 스스로를 겸손히 낮추어 기꺼이 약하고 미련하다는 멸시를 마다하지 말고, 구원의 모든 지혜와 능력이 원래 속한 자리, 즉 영원한 삼위일체의 세 영화로운 위격에 돌려지게 하라.

마침내 우리는 우리가 처음 시작했던 질문으로 돌아왔다. 바울이 묻는다. 기독교 설교자란 무엇인가? 그들은 거저 "주께서 각각 주신 대로 너희로 하여금 믿게 한 사역자"다. 다시 말해, 하나님이 사람들의 믿음을 불러일으키게 하기 위해 일하시며 사용하시는 대리인이다. 사실이 이러할진대, 영광은 그 일의 매개인 대리인들이 아니라 친히 자신의 능력으로 일하시는 주님께 돌려져야 마땅하다.

나는 이제 몇 마디 말로 마무리하려 한다. 이것은 입스위치의 성 메리 엣 퀘이와 헤덜레이 교구 교회의 교육관에서 발견된 것으로 옥스포드의 바질 고우(Basil Gough) 목사가 내게 보내준 것이다.

당신의 값없는 구원을 말할 때마다
오직 당신으로만 충만한 생각이
나의 마음과 영을 사로잡게 하소서.
또한 당신 말씀의 힘 아래
모든 마음들이 감동하여 엎드릴 때
나를 당신의 십자가 뒤에 숨기소서.

주

1. 청지기

1) Karl Heinrich Rengstorf, *Theologisches Wörterbuch zum Neuen Testament*(1932/3), article 'Apostleship', translated by J. R. Coates(London: A. & C. Black, 1952).
2) 같은 책, 서문, p. xii.
3) 같은 책, p. 26.
4) Norval Geldenhuys, *Supreme Authority*(Grand Rapids: Eerdmans, 1953), pp. 53, 54.
5) 같은 책, p. 54.
6) Rengstorf, 앞의 책, p. 43.
7) Geldenhuys, 앞의 책, p. 74.
8) Rengstorf, 앞의 책, p. 44.
9) 같은 책, p. 33.
10) Geldenhuys, 앞의 책, p. 74.
11) Rengstorf, 앞의 책, p. 59.
12) Rengstorf, 앞의 책, p. 60. 참고. 엡 2:20; 3:5.

13) "거짓 사도"라는 표현은 고후 11:13에만 등장한다. 계 2:2을 참조하라. "바울에게 이 말은 그리스도의 위임 없이 스스로 그리스도의 사도로 나선 자를 의미한다"(Rengstorf, 앞의 책, p. 67).
14) Liddle & Scott, *A Greek-English Lexicon*, 개정판(Oxford: Clarendon Press, 1925-40).
15) W. F. Arndt & F. W. Gingrich, *A Greek-English Lexicon of the New Testament and other early Christian Literature*(Cambridge: Cambridge University Press, 1957).
16) Liddle & Scott, 앞의 책.
17) 참고. 창 15:2.
18) 다윗은 대상 28:1에 "왕과 왕자의 모든 소유와 가축의 감독[청지기]"으로 묘사된 관리들을 두고 있었다. 솔로몬의 '고위 관리들' 중 하나인 아히살은 "왕궁을 맡은 자(궁내대신, 개역개정)"였다(왕상 4:6).
19) 흠정역(그리고 개역개정에도 - 역주)에는 "국고 맡은 자(treasure)"라는 직책명도 덧붙여져 있다.
20) 왕하 18, 19장 그리고 사 36, 37장에서 그는 "왕궁 맡은 자"로 묘사된다.
21) 엄밀히 말하면 '오이키아'는 집 전체를, '오이코스'는 그 안에 있는 특정한 한 부분을 가리키지만, 두 단어 모두 집 혹은 사람이 거주하는 건물을 지칭하는 데 사용되었다.
22) 비슷한 단어 '오이키아코스'(*oikiakos*)가 오직 마 10:25, 36에 등장하는데, '오이코스'와 '오이키아' 모두 건물과 더불어 거주자를, 다시 말해 집과 더불어 가족을 지칭하는 데 사용되었다(예, 행 7:10; 10:2의 '오이코스,' 그리고 요 4:53과 빌 4:22의 '오이키아').
23) 마 10:25에서는 집주인과 집사람들이 분명하게 구분된다.
24) '오이케테스'는 신약에서 네 번 발견된다(눅 16:13; 행 10:7; 롬 14:4 그리고 벧전 2:18). 마 24:45에서 종 혹은 '일꾼'을 뜻하는 집합 명사로 사용되는 '오이케테이아'(*oiketeia*)를 참고할 것.
25) 청지기를 뜻하는 명사 '오이코노모스'와 청지기직을 지칭하는 '오이코노미아'가 공히 불의한 청지기 비유에서 청지기로 일한다는 의미의

동사 '오이코노메인'(*oikonomein*)과 함께 사용된다(눅 16:1-9). 후기 헬라어에서 이 동사는 매우 포괄적인 의미로 발전하여, 단순히 '정리하다'[Moulton & Milligan, *The Vocabulary of the Greek Testament*, p. 443(Grand Rapids: Eerdmans)], 어떤 일을 수행하다, 무언가를 운영하고 관리한다는 뜻을 지니게 되었다.

26) *A Greek-English Lexicon of the New Testament*, 2판 개정본 (Edinburgh: T. & T. Clark, 1892), pp. 440-441.
27) 그 불의한 청지기는 자유인이었던 것으로 보인다(눅 16:1-9). 마 24:45과 눅 12:42, 43의 청지기들은 분명하게 노예로 불린다.
28) 성막이 하나님의 '오이코스'였다(막 2:26). 성전도 그러했다(막 11:17). 그러나 이제는 그의 교회가 그의 성전이다(고전 3:16; 6:19; 엡 2:21, 22). 참고. 히 10:21.
29) 딤전 3:15, 벧전 4:17의 '오이코스'(참고. 히 3:2-6)와 갈 6:10, 엡 2:19의 '오이케이오스.'
30) 그리스도께서 이 말을 하나님의 나라와 연결하여 사용하심을 참고하라(마 13:2).
31) 예를 들어, 살전 2:4 그리고 디모데에게 그가 언급한 '부탁한 것.'
32) 11절에 따르면 기초는 이미 그곳에 놓여 있다.
33) 딤전 1:4은 인간적 사변들을 '신적인 청지기직'과 대조한다.
34) London: Richard Watt(1819), pp. 4, 5.
35) Simeon, *Letter to Thomason*, 1822.
36) Stewart, *Herald of God*(London: Hodder & Stoughton, 1946), p. 210.
37) Richard Ellsworth Day, *The Shadow of the Broad Brim* (Philadelphia: The Judson Press, 1934), p. 131에서 인용.

2. 사자

1) Chr. Senft, article 'Preaching' in *Vocabulary of the Bible*, by J. J. von Allmen[London: Lutterworth Press, 1958(*Vocabulaire Biblique*, 1954)].

2) Richardson, article 'Preach' in *A Theological Word Book of the Bible*, ed. by Alan Richardson(London: S.C.M. Press, 1950).
3) James S. Stewart, *Heralds of God*(London: Hodder & Stoughton, 1946), p. 5.
4) Mounce, *The Essential Nature of New Testament Preaching*(Grand Rapids: Eerdmans, 1960), p. 52.
5) *A Greek-English Lexicon of the New Testament*, 2d ed. rev.(Edinburgh: T. & T. Clark, 1892), p. 346.
6) Mounce, 앞의 책, p. 5.
7) 같은 책, p. 12.
8) 같은 책, p. 13.
9) Dodd, 앞의 책(London: Willet, 1936), p. 7.
10) 예를 들어, 마 4:23(가르치다)=막 1:39과 눅 4:44(전도하다) 그리고 1:21, 22, 27(가르치다)=1:38(전도하다).
11) Mounce, 앞의 책, p. 42.
12) 같은 책, pp. 42, 43.
13) Dodd, 앞의 책, p. 24.
14) Mounce, 앞의 책, p. 61.
15) 같은 책, p. 64.
16) 같은 책, p. 77.
17) 같은 책, p. 84.
18) 같은 책, p. 110.
19) 같은 책, p. 88. "바울-이전 케리그마의 실마리들"이라는 제목의 6장 88-109쪽에서, 그는 특히 고전 15:3 이하, 롬 10:9; 1:3, 4; 4:24, 25; 8:34; 고전 11:23 이하, 그리고 빌 2:6-11을 분석한다.
20) Mounce, 앞의 책, p. 78.
21) 같은 책, pp. 90, 91.
22) "Toward the Conversion of England," Press and Publications Board of the Church Assembly(1945), p. 1.
23) William Carus, *Memoirs of the Life of the Rev. Charles*

Simeon(London: Hatchard, 1847), p. 28.
24) Grimm-Thayer, 앞의 책, p. 535.
25) The Vocabulary of the Greek Testament(Grand Rapids: Eerdmans), p. 534.
26) 영어 단어 'embassy'와 'legation' 사이의 관계를 참조하라.
27) 같은 책.
28) '프레스뷰테스'는 제1마카베오서 13:21과 14:21, 22에, '프레스비스'는 제1마카베오서 9:70; 11:9; 13:14에 등장한다.
29) 15절의 '평화의 복음'을 참조하라.
30) P. T. Forsyth, The Work of Christ(London: Hodder & Stoughton, 1910), p. 89.
31) Forsyth, 앞의 책, p. 86.
32) James Denney, The Death of Christ, 1902(London: Tyndale Press, 1950), p. 85.
33) 사도적 사상과 가르침에 있어서 그리스도의 죄 없음과 우리의 죄를 위한 그의 죽으심 사이의 연결은 히 7:24, 27; 벧전 1:18, 19; 2:22, 24; 3:18 그리고 요일 3:5에서도 관찰된다.
34) Leon Morris 박사는 그의 책 The Apostolic Preaching of the Cross (Grand Rapids: Eerdmans, 1955) 6장에서 '변화'의 개념은 '화목케 하다'를 뜻하는 '알라소'(allasso)와 그 합성어들의 근본 의미라고 주장한다. 그는 하나님이 인간과 화목케 됨을 이야기하는 예를, 랍비 문서들과 요세푸스에서 하나, 그리고 제2마카베오서에서 세 개의 용례를 찾아 제시한다.
35) An Expositor's Greek Testament, ed. W. R. Nicoll(Grand Rapids: Eerdmans), ad loc.
36) Denney, 앞의 책, p. 86.
37) 섬김이 아닌 고난을 향한 동일한 동력에 대해서는 행 5:41; 빌 1:29를 참조하라.
38) Grim-Thayer, 앞의 책, pp. 482, 483.
39) Mounce, 앞의 책, p. 153.

40) 같은 책, pp. 153, 154.
41) 같은 책, p. 155.
42) 같은 책, p. 159.
43) 같은 책, p. 153.
44) 같은 책, p. 7.
45) 같은 책, p. 153.
46) 같은 책, p. 18.
47) 같은 책, p. 155.
48) 행 13:12과 17:19을 보라. 여기서 복음 설교는 '디다케'로 불린다. 또 다른 예로 행 5:42; 28:31을 보라. 여기서는 '설교'와 '가르침'이 회심자에게는 가르침을, 그리고 비회심자에게는 설교를 의미할 수 없음이 확실하다.
49) J. Gresham Machen, *Christian Faith in the Modern World*(Grand Rapids: Eerdmans), p. 630.
50) Richard Baxter, *The Reformed Pastor*(London: Epworth Press, 제2개정판, 1950), pp. 145, 106.

3. 증인

1) 요 7:11(17절 – 역주)의 '에크 투 테우'(*ek tou Theou*, 하나님께로부터)와 '아프 에마우투'(*ap emautou*, 스스로) 사이의 대조를 보라.
2) James S. Stewart, *Heralds of God*(London: Hodder & Stoughton, 1946), p. 61.
3) 별개의 주제인 신자를 위한 성령의 내적 증거에 관해서는 롬 8:16과 요일 5:10을 참조하라.
4) 언약의 증거로 사람 대신 돌을 사용함에 관해서는 창 31:43-50 그리고 수 24:22, 25을 참고하라.
5) 다른 예로는 삿 11:10; 삼상 12:5; 욥 16:19; 렘 42:5; 미 1:2; 말 2:14; 3:5이 있다.
6) *A Greek-English Lexicon of the New Testament*, 제2개정판(Edinburgh: T. & T. Clark, 1892), p. 390.

7) S. de Ditrich in J.-J. von Allmen's *Vocabulary of the Bible*, article "Witness."
8) 증인임에도 불구하고 증언하지 않은 죄에 대해 레 5:1이 정죄한다.
9) 더불어, 들은 것에 대한 증언에 관한 눅 14:22을 보라. 알려진 것에 대한 증언에 관해서는 요 2:25; 행 15:8; 25:6 그리고 한 사람의 일반적인 경험의 증거에 대해서는 요삼 3:6을 보라.
10) 참고. 3:32 그리고 딤전 6:12, 13과 계 1:5; 3:14. 여기서 '선한 증언'와 예수님의 '충성된 증인'이 언급된다.
11) '거짓 증언'에 대한 다른 언급으로는 시 27:12; 35:11; 잠 12:17; 19:5, 9; 24:18; 막 14:55-63; 행 6:13; 7:58을 보라.
12) 바울은 이에 대한 가상의 예를 고전 15:15에서 제시하는데, 여기서 그는 만일 그리스도께서 죽은 자 가운데서 살아나지 않으셨다면 사도들은 하나님의 거짓 증인들이라고 말한다. 왜냐하면 그들은 지속적으로 그의 부활을 증언해 왔기 때문이다.
13) Catherine Marshall, *A Man Called Peter*(New York: McGrow-Hill, 1952), p. 43.
14) Leslie J. Tizard in *Preaching the Art of Communication*(London: George Allen & Unwin, 1958), p. 16에서 인용.
15) E. M. Bounds, *Power through Prayer*(London: Marshall Brothers), p. 11.

4. 아버지

1) Phillips Brooks, *Lectures on Preaching*(1877), London: H. R. Allenson, 1895, p. 77.
2) 미국 개정표준역은 "나는 그리스도 안에서 복음을 통하여 너희의 아버지가 되었다"고 번역한다.
3) 디모데에 관해서는 고전 4:17; 딤전 1:2; 딤후 1:2; 2:1을 보라. 디도에 관해서는 딛 1:4을 보라. 또한 벧전 5:13에서 베드로가 마가를 지칭하는 것과 요한이 그의 첫 번째 서신에서 그의 '자녀'들을 지칭하는 것을 참고하라.

4) 갈 3:23과 4:7에서 율법은 우리를 그리스도께로 인도하는 '파이다고 고스'라고 주장하는 부분을 참고하라.
5) *The New Testament Letters*(Oxford: Oxford University Press, 1944), 같은 페이지.
6) Catherine Marshall, *A Man Called Peter*(New York: McGraw-Hill, 1952), p. 224.
7) *The Preacher, His Life and Work*(Garden City, N. Y.: Doubleday, 1929), p. 107.
8) J. C. Ryle, *The Christian Leaders of England in the 18th Century* (1868), London: Chas. S. Thynne Popular Edition(1902), pp. 24, 25.
9) 같은 책, p. 25.
10) 같은 책, p. 52.
11) 같은 책, p. 89.
12) 같은 책, p. 116.
13) Frank Colquhoun in *Harringay Story*(London: Hodder & Stoughton, 1954), p. 190에서 인용.
14) Bishop J. C. Ryle, *Light from Old Times*(London: Thynne & Jarvis, 1890, 5판), p. 407.
15) Constance E. Padwick, *Henry Martyn*(1922), London: I.V.F. 신판, p. 37.
16) David Smith in the *Expositor's Greek Testament*(London: Hodder & Stoughton, 1910)에서 인용. 요이 1:2 참고.
17) Chad Walsh, *Campus Gods on Trial*(New York: Macmillan, 1953), p. 95.
18) Bishop J. C. Ryle, *The Christian Leaders of England in the 18th Century*(1868), 보급판(1902), p. 55.
19) Richard Baxter, *The Reformed Pastor*(1656), London: Epworth Press(1950), 제2개정판, pp. 145, 106.
20) 같은 책, p. 162.
21) 같은 책, p. 137.

5. 종

1) Phillips Brooks, *Lectures on Preaching*(London: H. R. Allenson, 1895), p. 112.
2) 본서에서 고전 1:17-2:5에서 인용된 단어들은, 그 해설을 좀더 쉽게 이해할 수 있도록 모두 밑줄을 그었다.
3) 사본에 따라 2:1이 증거 혹은 비밀로 기록되어 있다.
4) Contra Celsum.
5) Andrew A. Bonar, *Memoir and Remains of R. M. McCheyne*(London: Oliphant, Anderson & Ferrier, 신판, 1892), p. 282.

옮긴이 채경락은 서울대학교 미생물학과를 졸업하고 고려신학대학원에서 신학을 공부했다(M.Div.). 미국 칼빈 신학교에서 설교학(Th.M.)을 공부한 뒤 남침례신학교에서 설교학 박사학위(Ph.D.)를 취득했다. 지금까지 『열방이 주께 나아오다』(좋은씨앗), 『성경적 설교로의 초대』(CLC) 등을 번역했으며, 현재 일원동교회 담임목사로 섬기면서 그 무엇보다 설교하기를 즐기며 사역하고 있다.

설교자란 무엇인가

초판 발행_ 2010년 2월 10일
초판 7쇄_ 2023년 4월 20일

지은이_ 존 스토트
옮긴이_ 채경락
펴낸이_ 정모세

펴낸곳_ 한국기독학생회출판부
등록번호_ 제2001-000198호(1978.6.1)
주소_ 04031 서울 마포구 동교로 156-10
대표 전화_ (02)337-2257 팩스_ (02)337-2258
영업 전화_ (02)338-2282 팩스_ (02)080-915-1515
홈페이지_ www.ivp.co.kr 이메일_ ivp@ivp.co.kr
ISBN 978-89-328-1128-4

ⓒ 한국기독학생회출판부 2010

책값은 뒤표지에 있습니다.
무단 전재와 복제를 금합니다.